U0659066

辛德勇

學人書影二集

九州出版社
JIUZHOUPRESS

圖書在版編目（CIP）數據

學人書影二集 / 辛德勇著 . -- 北京：九州出版社，2021.12
ISBN 978-7-5225-0673-9

Ⅰ . ①學… Ⅱ . ①辛… Ⅲ . ①書影－中國－清代
Ⅳ . ① G256.29

中國版本圖書館 CIP 數據核字 (2021) 第 239641 號

學人書影二集

作　　者　辛德勇
策劃編輯　李黎明
責任編輯　張皖莉　李黎明
出版發行　九州出版社
地　　址　北京市西城區阜外大街甲 35 號
郵　　編　100037
發行電話　（010）68992190/3/5/6
網　　址　www.jiuzhoupress.com
印　　刷　北京捷迅佳彩印刷有限公司
開　　本　880 毫米 × 1230 毫米　32 開
印　　張　12
字　　數　200 千字
版　　次　2022 年 1 月第 1 版
印　　次　2022 年 1 月第 1 次印刷
書　　號　ISBN 978-7-5225-0673-9
定　　價　128.00 元

摄影：周雯

目録

一五四　閻潛丘先生年譜一卷
一五八　皇清誥贈奉政大夫兵部職方清吏司郎中從憲陳公崇祀鄉賢錄一卷
一六〇　稼書先生年譜一卷
一六二　唐才子傳十卷附唐才子傳考異一卷
一六八　海虞畫苑略一卷海虞畫苑略補遺一卷
一七〇　吳門耆舊記一卷
一七二　四史疑年錄七卷
一七六　明大臣同姓名考一卷
一七八　歷代都江堰功小傳二卷

一八二　皖學編十三卷首三卷（殘）

一八六　汪氏學行記六卷

一九〇　孔氏宗譜不分卷

一九二　尋花日記一卷

一九四　元史纂十卷

二〇〇　史筌五卷首一卷

二〇四　釣磯立談一卷

二〇八　增訂廣輿記二十四卷首廣輿圖一卷

二一二　皇朝輿地略不分卷

二一六　歷代輿地沿革險要圖一卷

三七二　金石文字記六卷

三七六　小蓬萊閣金石文字不分卷（殘）

三八二　長安獲古編二卷補一卷

自序

編選這本《學人書影二集》，距《初集》出版已經兩年多了。兩年多以前出版的《學人書影初集》，選錄的是寒齋所存清刻本經部書籍，而這部書影之所以被定名爲『初集』，是因爲當時我就設想，若有足夠數量的讀者喜歡，便將繼續選印寒齋中的清刻本史部、子部和集部書籍。這樣，書名，便自然依次定作『二集』『三集』『四集』。

這裏所説『足夠數量的讀者』，是指在那些比較關注古籍書影的人們當中是不是有足夠數量的閱讀者。之所以特别强調這一點，是因爲古籍書影是一類很特别的書籍，這類著述既不是大路歷史讀物，更算不上是文史研究不可或缺的必讀書籍；至少在現在和可預見的將來還是這樣。

喜歡或是需要閱讀這類著述的人其實很少，主要包括如下兩種人：一是古籍收藏、鑒賞的愛好者，二是專門研究古籍版本目録或是在研究工作中特别重視古籍版本目録的學人。大家擡眼看一看中國學術界和文化界的狀況，就會很容易明白，把這兩種人加到一起，也衹是一個不大的羣體，因而關注古籍書影類著述的人自然不會很多。在這種情況下，自然不會期望有太多的人會很喜歡我的《學人書影》，更不會指望有太多的人能夠明白這種書籍的用處和用法；特别是當代中國『學術圈』内那些一味劃拉『資源』的掠食怪物。

儘管如此，《學人書影初集》發行後，還是得到了上述特定羣體的普遍歡迎，還有一些朋友對這本書影給予了充分的肯定。大家的熱情支持，對我是很大的鼓勵，鼓勵我按照預想的方案把自己的『學人書影』編印下去。於是，就有了擺在大家面前的這部《學人書影二集》。

在《學人書影初集》的序言裏，我已經講述了我對古籍版本的基本看法和自己收存清代刻本緣由，也談到了我對清代版刻學術價值的認識。現在把這部《學人書影二集》提交給出版社，自然無須再重復這些內容。對那些問題，懂，就是懂了；不懂，再怎麼說也沒有用。能和讀者講的，衹是隨便舉述幾類事項，來具體說明一下這些清刻本史部書籍同歷史學研究、同古籍收藏的關係，特别是我收存這些書籍的着眼點是在哪裏。

首先需要向各位讀者說明的是，我這部小書所擬定的『史部』，衹是大致參照《四庫全書》的分類而適當有所調整。這在謹嚴的目錄學者看來，其中有些做法也許不是十分合理，或者說不大合乎道兒上的規矩。對此我並沒有做過什麼認真的思考，真的衹是根據自己藏書的具體情況大略撥拉一下而已，大家不必太較真兒。我做學問一向很隨意，買一點兒古書更任性，不合規矩的地方，衹能厚顔請大家諒解，請大家諒解我的鹵莽孟浪。

在史部書籍當中，傳統觀念最重正史，我本人也是如此。可正因爲重要，好版本買不到；或者更準確地説，是根本買不起。過去在剛剛買古書的時候，也買到過一些汲古閣《十七史》和南監本《二十一史》的零本（北監本質量更差，雖遇到一些，卻根本沒想買），但因爲太大路，體味不到版本收藏的樂趣，很快就同別人換書換了出去。

清人治史的成就，主要在考史，而考史的重心是考辨正史的紀事，因而收藏這類考史的著述，或許比藏弆正史本身更具有切合時代實際的價值。

不過很多對中國古代學術史和版刻史瞭解不多的朋友或許並不瞭解，即使是在乾嘉盛期，這類考史著述的印本數量一般也不是很多。原因，是因爲做考據在大多數讀書人眼中都是一件很枯燥的事兒，這是人性使然，所以在乾嘉時期也是如此。真心喜好的人很少，書自然不會印得很多。在這種情況下，以我自身的條件，遇到清儒考史書籍好版本而且有能力買下的機緣也並不是很多。

儘管如此，盤桓書肆日久，還是買到一些重要的正史考辨著述。像錢大昕的《三史拾遺》和乃弟錢大昭的《三國志辨疑》，名家名著，原刻早印，現在都是難得一遇的佳品。另外像楊于果的《史漢箋論》和林伯桐的《史漢蠡測》，流傳更一向稀少，以致現在那些從事秦漢史研究的專家，以至所謂大家名流，竟普遍對這些書籍一無所知。全史之外，專門考證正史某一部分的著述，由於我走入古代文史研究『正宗』的專業是中國歷史地理，所以對體現歷代地理建置基礎的《漢書·地理志》特別關心。幸運的是，在這方面，我收有標誌着清人研治《漢志》最高水平的全祖望《漢書地理志稽疑》原刻本。其他如洪頤煊撰《漢志水道考證》，見識精湛，原刻本也很難得。至於道光二十八年汪氏振綺堂精刻本汪遠孫撰《漢書地理志校本》，內容和版刻形式俱佳，研究功用與賞玩情趣兼具，有緣收得此書，更讓我由衷欣喜。

談到古刻舊本的收藏，外在形式的差異，當然是一項引人注目的要素。

在正史考辨性著述當中，趙翼的《廿二史劄記》，是一部在清代學術史上頗具代表性的書籍。世人通常都把趙翼的《廿二史劄記》同錢大昕的《廿二史考異》、王鳴盛的《十七史商榷》相提並論，將其視作清人通考正史的三部典範之作，也可以說是三部巔峯之作，故懂行而且嚴謹的研究者在閱讀諸史時必定要參據這三種史籍。

然而趙翼撰著此書的宗旨不僅與錢大昕和王鳴盛不同，而且同乾嘉時期的主流學術傾向也有明顯差異——即趙翼的學術旨趣不在於考辨具體的史事，而是要總結歷史發展的規律性特徵，而這正是顧炎武在清代初年刻意追求卻被乾嘉時期主流學者放棄了的治學目的，真正體現乾嘉學術精神的清初學者是閻若璩而不是顧炎武。值得注意的是，這本《學人書影二集》中選錄的張穆所撰《顧亭林先生年譜》和《閻潛丘先生年譜》，譜主正分別是這兩位開創一代學術風尚的學者。

瞭解到《廿二史劄記》在清代學術源流中這一獨特地位，讓我愈加重視這部書籍的學術價值，而令我十分慶幸的是，不僅買到了這部書最早的原刻本，而且收下的還是一部初印的珍本。蓋此書在雕版初成刷印行世之後，因懾於乾隆皇帝的淫威，不得不補刻增入了《補遺》一卷，撮録乾隆四十六年敕撰《欽定遼金元三史國語解》的基本内容。此《欽定遼金元三史國語解》，乃秉承弘曆的旨意，妄自改易遼金元三史中涉及契丹、女真、蒙古和其他少數民族的漢文譯名，實際荒唐殊甚，並沒有任何值得參考的價值。對於今天的讀者而言，它衹是清楚展現了當時肅殺政治空氣對學術研究的消極影響。

幸運的是，寒齋收入的這部《廿二史劄記》，是此書板刻初竣時刷印的版本，還沒有附入那篇荒謬的《補遺》，因而不僅版面字跡清朗喜人，展讀此本，還可以讓我具體地感受一介書生在那種黑暗專制時代所遭受的沉重壓抑。好好的一部書，孰知後來竟生出了醜陋的蛇足。世道常常不清，人事更多污濁。用歷史的眼光去觀察，動心品味，對於每一個有良心有正義感的人來說，古籍版本絕不僅僅是徒事把玩的清供之物。

其他更多的初印之本，通常並不像這部《廿二史劄記》一樣同後印大路版本在內容上有這麼明顯的差異；甚至在未經一一比對之前，我們往往祇能姑且假設初印本的內容與後印本是完全一致的。即使如此，我包括史部書籍在内的古籍收藏，還是很注重初印本。

這是因爲作爲一種收藏品，古籍版本兼具文字内容和外在形式兩重價值，而所謂外在形式也就是古代版刻的藝術特徵。雕版印刷的藝術性，越是初印體現得越爲鮮明，也越爲準確；印得遲了，必然要發生變形，而且這種變形普遍都是對原形的『醜化』。

另一方面，由於書板自身的特點，在刷印過程中，字劃不可避免地會遭受損毀。輕者字跡漫漶，有礙觀瞻且不易識讀；重者需剜剔重刻，不僅字形，甚至文字都會發生變易。除了這種無意造成的改變之外，作者或校刻書籍的人有時還會在初印成書之後，對書籍的內容進行更改。不管是上述哪一種情況，都會使初印本具有獨特的版本價值，而從刷印數量上看，絕大部分初印本與後印本相比，當時就必然相當稀少，流傳至今者更罕見難求。

這兩方面原因，導致藏書愛好者大多都會喜好收藏初印之本。在這部《學人書影二集》選刊的清刻本史部書籍當中，像《亭林遺書》零本《顧氏譜系考》《昌平山水記》《譎觚十事》《金石文字記》，就都是這樣的原刻初印精本，也可以說是初印本的絕佳代表。另外像道光年間海虞顧湘刊刻的《小石山房叢書》，書板刊成後，刷印無幾，即遭洪、楊之難，板片損毁嚴重，至同治年間經全面修整，始大量刷印流通，因而世間所存《小石山房叢書》多爲同治時期的後印之本，道光年間的初印本極爲罕見難求。所以，收錄在這部《學人書影二集》中的《小石山房叢書》初印零本魚翼撰《海虞畫苑略》、顧承撰《吴門耆舊記》、歸莊撰《尋花日記》、王元啟校訂《校正朝邑志》以及宋人范致的《岳陽風土記》和明人王世貞的《明大臣同姓名考》，不懂行的人看起來似乎稀鬆平常，沒太大意思，實際上卻都是可遇不可求的珍稀版本。

當然對稍習古籍版本者而言，上文所論初印後印之事，一般是以原刻或佳刻作爲不言自明的前提，而此等原刻或者佳刻，其傳世印本通常都較後世翻刻本要更爲稀少。這部《學人書影二集》選錄的書籍，絕大多數都是相對稀見少見的版本，衹是所謂稀少的着眼點不盡相同而已。

若是不拘泥於瑣瑣細節，從大處着眼，僅從其紀事或有或無來判斷史書稀有與否的話，那麽，所謂孤本祕籍，在史部藏書中或許更爲學人看重，我本人也比較關注這一點。雖然放大視野，就傳世典籍的整體而言，史部書籍同其他部類的書籍一樣，真正具有重大價值的著述是很難流傳稀少以至成爲孤本祕籍的，但治史不同於研治經子文集，不像其他那些門類那樣，專意於思想文化的精華，而是事無鉅細，亦不論高下，犄角旮旯，什麽都要對付。這樣，若僅僅針對某些特別的領域和問題而言，我還是陸續收入一些十分罕見的史籍，以至人所未知、世所未見的孤本祕籍。

其中如《安邑縣均減差徭銀兩事宜》，雖別無所見，但所涉事宜從表面上看好像過於苛細，自然不受世人重視，當時就印行無幾，後世極易失傳。此類著述，在這部《學人書影二集》中還另有一些，譬如像《清釐積弊案卷》一書就是這樣。利用這些著述研治史事，需要學者具備廣闊的背景知識，不宜簡單就事論事。再有同治十二年刊刻的王善升撰《彈鋏新編》，一一載述清代各級衙門中『長隨』的職事，對研究清代地方政府的行政運作機制和具體操作方式，具有獨一無二的價值，而這部書籍也是海內外僅見的孤本。

涉及較爲重大問題的罕祕史籍，有藍潤撰《視閩紀略》《入粤條議》

和《臬政紀略》，分別撰著於其出任福建參政、廣東參政和江南按察使期間。上述諸書，實際上都是彙錄藍氏政務公牘，直接關係清代初年東南地方要務，卻都是清廷修纂《四庫全書》未能覓得的書籍。目前所知，世上別無其他傳本。另外如王元曦撰《按浙四明文告》《按浙苕溪文告》和《按浙嚴陵文告》，同樣關涉清初重要政務，特別是浙江地區存在的諸多社會問題，書中還述及鄭芝龍部對浙江等東南沿海地區的襲擾狀況。這幾種文獻與藍潤上述諸書一樣，都堪稱驚人祕籍。遲至今日，以德勇的能力，能夠收得此等祕本，實在是難得的文字之福。

若謂與我本人研治『專業』關係最爲密切的獨家祕本，則當屬嘉慶時人嚴如熤撰著的《三省山內道路考》。這部書對研究四川、湖北、陝西以及甘肅四省交界地帶的山區道路及沿線社會、經濟狀況，史料價值極大，卻一向不爲學術界所知。在這方面，另一部名氣更大的書籍，是楊守敬、熊會貞師弟合著的《水經注圖》。該圖集刊刻於清末，雖朱墨套印，刊刻形式優於常見單色書籍，很受時下新一代藏書家追捧，但普通印本並不稀見。不過寒齋所蓄乃是楊守敬自藏的試印樣本，楊、熊二人在書中陸續寫有很多批注，一直持續到楊守敬故世之前不久的一段時間。這些批注對印本的內容頗有改易，可以看作是這部圖集的最終定本，獨家史料價值自然極高極大。

因爲是一代輿地名著，當年在京中書肆買下這部書時的心情，竟可以用『欣喜若狂』這個成語來形容。不過因聆受業師黃永年先生教誨，治學絕不走偏恃孤本祕籍的路子，篋藏多年，一直沒有做出專門的研究，甚至連簡單的介紹評議也沒顧上做。在這裏特地談到這一點，也是想向大家表明我對待稀見史料的基本態度。正是基於這樣的認識，我纔不會把收藏的重點等同於治學的重心。

好了，上面這些話好像講得太一本正經了，最後想向大家說明的是，在這本《學人書影二集》選錄的書籍當中，也有一些版刻字體相當優美的書籍，頗堪賞玩。譬如道光十一年尹濟源碧鮮齋刻本《爲政忠告》就是一部至精至美的寫刻佳本，堪稱神品。還有嘉慶二十一年胡克家仿元刻本《資治通鑑》、道光二十六年汪氏振綺堂精刻本《國語校注本三種》、道光六年精刻本《汪氏學行記》、同治十二年刻本《宋元舊本書經眼錄》、同治十年洪氏晦木齋刻本《隸釋》，還有前面提到過的道光二十八年汪氏振綺堂精刻本汪遠孫撰《漢書地理志校本》等，版刻字體也都各具特色，都是清刻本中藝術水平很高的上乘精品，相信讀者們展開這本《學人書影二集》一看，就都會很喜歡。

二〇二一年七月四日記

凡例

一、清代刻本，通常在書前刊印有内封面。這種内封面，是清代刻本的重要標誌，其作用略與今書籍封面相當。今選錄的每一種版刻，凡存有内封面者，不拘完好程度如何，一律印出。惟諸本内封面多襯有薄紙護持，以致無法獲取清晰書影，祈讀者諒之。

二、清代刻本，多鐫印有刻書牌記。牌記是載録刻書時間和刻書地點的重要附件，其作用略與今書籍版權頁相當。今選録的每一種版刻，凡存有刻書牌記者，不拘完好程度如何，一律印出。

三、酌情選印一些鐫有刻工姓名和校勘者姓名的頁面。

四、每書原則上選取正文卷一首頁正面（或殘本正文首頁正面）。若正文首頁正面闕失或有嚴重毀損，擇取其他頁面。

五、文字説明，略仿先師黄永年先生與賈二强學長編著《清代版本圖録》的體例。

六、每書有特别意義的内文，酌情選印若干葉面。

七、爲便於閲覽，印製形式，乃右文左圖。若選收葉面爲偶數或個别説明文字佔兩頁者，則酌情增選一葉，以保持版式不變。

八、版框的高度和寬度，若無特别説明，係指正文首頁版框内側數值，雙邊者據内側細邊。高度係量測右邊框處，寬度係底邊框處正面半葉的數值。

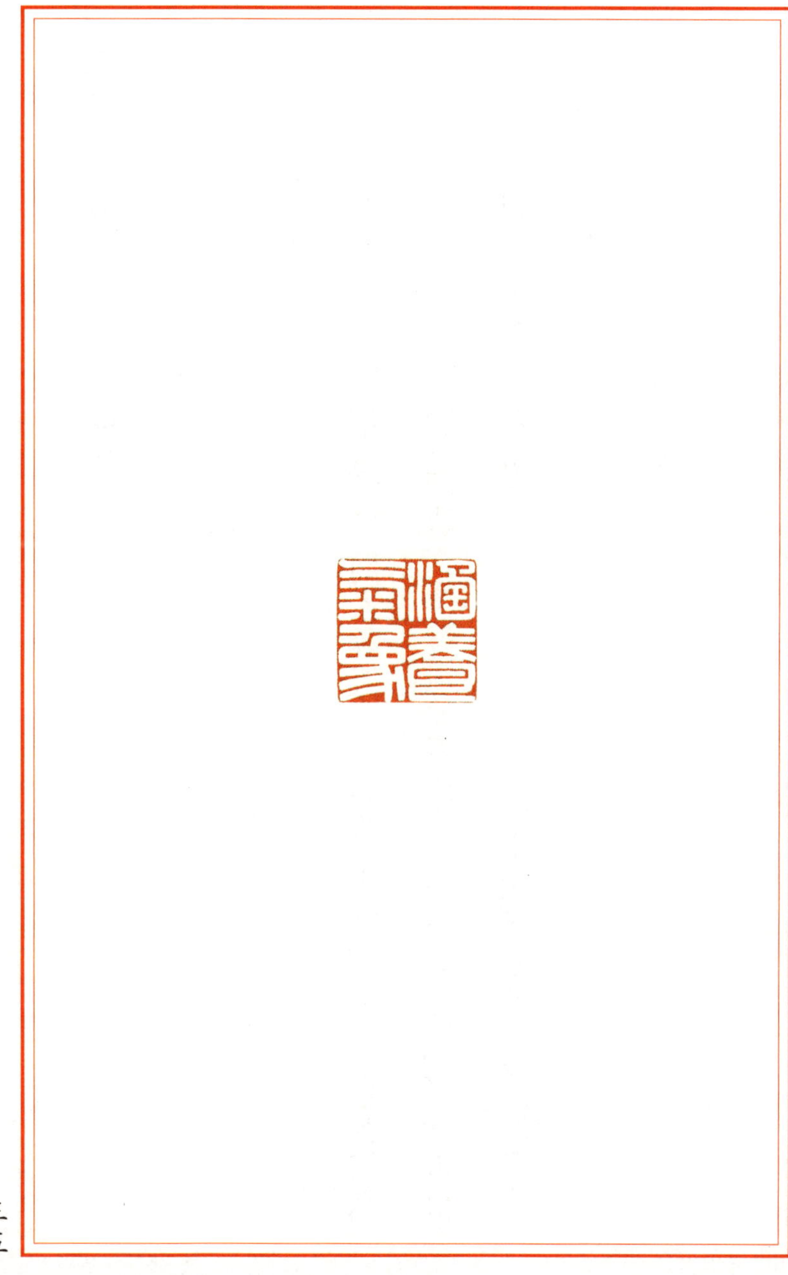

史記注補正 一卷

清方苞撰

約乾隆間刻本

卷端署『方望溪先生講授 門人程崟、王兆符編錄』，蓋此書應爲程、王二氏編錄方苞講學内容而成。考據雖非方氏之長，然所述亦多讀書得間之言，對研讀《太史公書》自有參考價值。此本版刻精整，墨色鮮明，應屬初印之本。

版框高二〇〇毫米，寬一三四毫米。白口。

史記注補正

方望溪先生講授　門人　程崟　王兆符　編錄

黃帝紀

萬國和而鬼神山川封禪與爲多焉

與讀去聲言與事爲多也又或舉字之譌周官師氏職王舉則從故書作與亦謂王與事

死生之說存亡之難

世傳醫經皆黃帝與岐伯問難語存亡之難疑

史記志疑三十六卷附錄三卷（殘）

清梁玉繩撰

光緒十三年刻《廣雅叢書》本　近人魯實先批注

存卷一一，僅一卷。

湘人魯實先在日軍侵華期間以《史記會注考證駁議》爲學術界所知，並賴此入復旦大學任教，後轉徙臺灣。《史記會注考證駁議》書中雖頗有激於時事的情緒，以致所論時顯偏頗，但魯氏對《史記》用功頗深，此批注本即其明證。批注多鈔錄清人相關疏說，間附己見。

版框高二〇〇毫米，寬一四九毫米。黑口。

濟南非也甯陽卽寧陽屬泰山郡國志屬東平濟南無此縣。

漢書古今人表有大夫選錢大昕曰卽論語大夫僎是選乃僎之譌然則漢前亦無名選者矣

卯安得四月又有辛卯蓋辛酉之譌也而選又遬之誤將相表漢表水經注竝作遬。

實先案漢世名遬者有陳遬（見本表猗氏格）無名選者常以作遬者爲是史漢匈奴傳亦作遬。雲中守遬（見周勃世家）周遬（見本表博陽格）孫遬遬（曹參世家索隱曲周有遬）

昌 琅邪

從淮陰侯　案漢表云從韓信是

八年六月戊申圉侯盧卿元年　附案漢表戊申作戊辰非下二侯六月壬子封戊辰後壬子十六日故知非也是月乃壬寅朔圉爲圄字之譌盧姓漢表作旅非當爲旅字卽盧也索隱引漢表作張廣韻旅注云漢功臣表有旅卿封昌平侯通志略旅氏注云昌平侯旅卿傳封六代姓氏及國名代數俱誤不足據也　通志于後共侯之姓氏代數亦誤

二年侯通反　案通反在孝景三年

漢書地理志稽疑 六卷

清全祖望撰

嘉慶九年歙南朱氏初刻本

全氏此書爲清人研治《漢書・地理志》的名作，生前未嘗刊刻。此係全氏身後初刻之本，除一般史料價值之外，學術史價值亦頗高。

版框高一七八毫米，寬一三九毫米。白口。

⊙漢書地理志稽疑內封面·

漢書地理志稽疑六卷

歙南朱氏

初刻本

精到中如鄣郡一條曩見歙志以鄣郡不在秦三十六郡之數輒指郡字爲駁文以爲是地非郡即咎及裴駰劉昭亦漫無佐証蓄疑久之先生攷秦皇紀証諸書秦置之誤据漢高紀定爲三郡之一進韋昭說斷吳王濞傳豫章皆鄣郡之譌著鑑誠陳洞然不惑一滴水知大海味矣余恐展轉傳鈔濅滋譌脫爰乞得副墨勉爲讎勘栞行而書其原起如此

皇淸嘉慶九年孟陬月啓蟄日歙後學朱文翰識于杏城家塾

漢書地理志稽疑卷一

甬上全祖望著　　漸江得諼草堂栞本

志于禹貢職方詳矣秦雖閏位然實後世郡國之祖而言之頗略且多舛焉嗣是言三十六郡者無不展轉鐍出以王厚齋胡楳磵二先生之審愼而不能正也近者顧宛溪之地學亦王胡之流也而沿譌如故今參取顛末更審定之

秦三十六郡名

內史　漢之三輔及弘農

不在三十六郡內蓋以尊京師也前志續志晉志

漢書地理志校本 二卷

清汪遠孫撰

道光二十八年汪氏振綺堂精刻本

此書刊行於作者身後，由著名學者陳奐整理寫定。其書寫刻精雅，在當時寫刻本中獨具特色，且墨色鮮明，係初印之本，書品亦頗寬大。清刻學術書中，似此佳本，今已難得一遇。

版框高一六七毫米，寬一一七毫米。白口。

漢書地理志校本

次閑趙之琛題

道光戊申春三月振
綺堂汪氏刊藏

漢書地理志校本卷上

錢唐汪遠孫

昔在黃帝作舟車以濟不通旁行天下方制萬里畫壄分州○舊注顏師古曰壄古野字也得百里之國萬區是故易稱先王以建萬國親諸侯○案宋景祐本無以字書云協和萬國此之謂也堯遭洪水褱山襄陵○舊注顏曰褱字與古懷字同案北宋本無古字二字天下分絶爲十二州使禹治之水土既平更制九州列五服任土作貢曰禹敷土隨山栞木○案說文引書作栞讀若刊奠高山大川冀州既載○案書禹貢釋文引韋昭曰載事也與鄭注尚書合壺口治梁及岐既脩大原○案大毛汲古本作太俗字至于嶽陽○案說文嶽岳一字覃懷底績○案底當作厎至于

漢志水道考證四卷

清洪頤煊撰　嘉慶十年承德孫彤刻本

此本無内封面，疑脱佚。《販書偶記》著録此書刊刻於嘉慶十年，或據原書内封面所署梓行時間。卷首有洪氏嘉慶九年十二月八日序，自言乃『取班氏所記，可名者三百六十一，無名者一百三十一，隨其所入，條分縷析；又復錯舉古書，證其同異』。鈐『珠湖草堂』朱文長方印，知乃阮元胞弟阮亨舊藏。此原刻本傳世無多，民國時收入《二十五史補編》，不知緣何改易書名爲《漢志水道疏證》，已失其真。

版框高一七二毫米，寬一三九毫米。黑口。

漢志水道考證卷一

臨海　洪頤煊　撰　　承德　孫彤　校

金城郡河關縣積石山在西南羌中河水行塞外東北入塞內至章武入海過郡十六行九千四百里

山海經海內昆侖之虛在西北河水出東北隅以行其北西南又入勃海又出海外卽西而北入禹所導積石山郭璞曰河南出昆侖潛行地下至葱嶺出于闐國復分岐出合而東流注泑澤已復潛行南出於積石山而爲中國河也水經積石在隴西河關縣西南後漢書注積石山在今鄯州龍支縣南卽禹貢云導河積石是也案禹貢河自碣石入海溝洫志周譜云定王五年河徙武帝紀元光三年春河水徙從頓邱東南流入勃海此志所記之河道也水經敘河水自黎陽以

史漢箋論十卷

清楊于果撰　道光二十五年楊氏非能園刻本

本書係作者考訂《史記》《漢書》之讀書札記，多有獨到心得。前五卷屬《史記》，後五卷屬《漢書》。其書由乃孫敦基等在楊氏身後編定刊行。書口下鐫『非能園』，末鐫『西蜀靄亭吳逢春書刊』與『梓人楊俊紳/王明賢』注記。清乾嘉間考據學盛行，學者多有此等讀書札記。惟作者係甘肅秦安人，因陝甘地區經濟文化落後，似此躋身主流學術風尚的佳作已不多見，其書亦緣作者僻處於文化中心之外而流傳稀少。

版框高一六七毫米，寬一二〇毫米。白口。

史漢箋論卷一

秦安楊于果碩亭氏著　孫敦基樸山
曾孫繼曾復齋編輯

史記

五帝本紀

堯本紀堯使舜入山林川澤暴風雷雨舜行不迷蔡九峯據此以釋尚書

楊愼曰宰我問書云納于大麓烈風雷雨弗迷何謂也孔子曰此言人事之應乎天也堯旣得舜歷試諸艱使大錄萬機之政是故陰陽清和五星來備風雨各以其

師古曰實十九年而言二十年者欲久其事以見寃屈故多言也

按武以天漢元年使匈奴始元六年春至京師在匈奴十九年而自使至歸年數凡二十未始不可言二十年也欲久其事以見寃屈豈爭此一年哉顏說迂甚

史漢箋論卷十終

西蜀靄亭吳逢春書刊

梓人 楊俊紳 王朋賢

史漢蠡測一卷

清林伯桐撰　約道光間刻本

此本未見著録，書中亦未題署刊刻年月。卷末鐫洪頤煊丁亥三月題記，應題寫於道光七年春。洪氏題曰：『不作矯激之論，不作迂闊之談，實事求是，洞見至隱，不朽之業也。筆亦簡潔。』其中如指出傳世文本《天官書》之『五宮』爲『五官』之譌，即顯示林氏見識通透處。惜印本流傳甚罕。卷端鐫『男世懋校栞』，篇末鐫記『受業弟伯棠覆校』。鈐『殷孟倫』白文方印，知屬殷氏舊藏。

版框高一七八毫米，寬一三四毫米。白口。

史記蠡測

番禺林伯桐學
男世懋校栞

古來制作自黃帝而定禮記祭法曰黃帝正名百物孔疏云上雖有百物而未有名黃帝爲物作名正名其體也然則史記託始自有深意（倉頡始作字亦黃帝之史也）既以黃帝爲始固當援大戴禮五帝之論爲據不容任意增損後來胡五峯劉道原謂五帝當冠以伏羲神農而削去顓頊帝嚳論似近正然非史公自黃帝始之意矣又以秦博士天皇地皇之議爲三皇定名此

三史拾遺五卷

清錢大昕撰

嘉慶十二年刻本

此書爲錢氏身後其弟子李賡芸所刻。錢氏《廿二史考異》成書後，其考辨《史記》《漢書》和《後漢書》三史又續有所得，所謂『拾遺』者，即謂以此增補前書所遺。卷首李賡芸序後鐫『江寧吴仕達刻』注記，又李序及諸卷卷末俱鐫『稻香吟館栞本』字樣。

版框高一七〇毫米，寬一三〇毫米。白口。

三史拾遺卷一

嘉定錢大昕

史記

五帝本紀

依鬼神以制義正義云制古制字　說文制从刀未聲依字當作㓞隸變爲制或譌爲剬則與耑旁相亂矣唐人不諳六書翻以爲古如顏籀以莌爲古悦字不知爲茺之譌以愸爲古莎字不知爲恖之譌以餶爲古饐字不知爲饐之譌也

居郁夷曰暘谷索隱云史記舊本作湯谷今竝依尚書

補三國疆域志二卷

清洪亮吉撰

乾隆四十六年西安刻本

陳壽《國志》亦即俗稱所謂《三國志》，但有紀傳而無志，洪氏以爲『如天文、五行之類，略備沈約《宋書》，皆可不補，其尤要而不可闕者，惟地理一志』，故撰爲此書，以補其缺憾。此爲該書原刻本，後與洪氏其他著述在嘉慶年間彙印爲《北江全集》。此本字跡清晰，墨色鮮明，應屬匯入叢書前單行印本。卷端鈐有『柯逢時印』白文方印等印章，知屬柯氏舊藏。

版框高一九三毫米，寬一四八毫米。黑口。

補三國疆域志一卷
乾隆辛丑歲刊于西安
孫星衍署

補三國疆域志序

陳壽三國志有紀傳而無志然如天文五行之類略備沈約宋書皆可不補其尤要而不可闕者惟地理一志元郝經所補全錄晉書地理志本文卽見于沈志中者亦近而不采他可知矣予自戊戌歲校四史畢卽有志於此留心裒輯者二載然因有數難輒復中輟沈約云三國無志事出帝紀雖立郡時見而置縣不書此一難也晉司馬彪撰續漢書郡國志凡郡縣增省在安順以後者卽不置錄是前無所承唐初修晉書于地理學最不精建置沿革舛錯過半是後無所據此二難也卽云出帝紀矣而荆州江夏則南北並立蘄春廣陵又魏吳不常能析其州郡本末尤不易辨其縣道遷徙又或居巢狄道兩國置壘鍾離逡遒空地不居臨賀郡所屬則荆廣之說不同宜都郡立名則

補三國疆域志 卷上

陽湖洪亮吉撰

魏疆域

司州

豫州

兗州

青州

徐州

涼州

秦州

冀州

幽州

廿二史劄記三十六卷

清趙翼撰　嘉慶五年湛怡堂原刻本

趙翼此書，是一代考史名著，其所研治範圍，上起《史記》，下及《明史》，但以《舊唐書》合《新唐書》爲一史、《舊五代史》合《新五代史》爲一史，故實際上是讀《二十四史》的劄記。其撰述要旨，實仿顧炎武《日知録》成例，用所謂『屬辭比事』的歸納法解析史事。此書爲今人閲讀紀傳體正史必讀的輔助讀物。惟稍後印本附有《補遺》一卷，此本尚未刊入，應屬初印之本，殊爲難得。

版框高一七三毫米，寬一三五毫米。白口。

趙甌北學
廿二史劄記
湛貽堂藏板

廿二史劄記小引

閒居無事翻書度日而資性粗鈍不能研究經學惟歷代史書事顯而義淺便於流覽爰取爲日課有所得輒劄記别紙積久遂多惟是家少藏書不能繁徵博採以資參訂閒有稗乘脞說與正史岐互者又不敢遽詫爲得閒之奇蓋一代修史時此等記載無不蒐入史局其所棄而不取者必有難以徵信之處今或反據以駁正史之訛不免貽譏有識是以此編多就正史紀傳表志中參互勘校其有牴牾處自見輒摘出以俟博雅君子訂正焉至古今風會之遞變政事之屢更有關於治亂興衰之故者亦隨所見附著之自惟中歲歸田遭時承

⊙ 廿二史劄記內文首頁

廿二史劄記卷一

陽湖　趙翼　雲崧

司馬遷作史年歲

司馬遷報任安書謂身遭腐刑而隱忍苟活者恐沒世而文采不表於後世也論者遂謂遷遭李陵之禍始發憤作史記而不知非也其自序謂父談臨卒屬遷論著列代之史父卒三歲遷爲太史令卽紬石室金匱之書爲太史令五年當太初元年改正朔正值孔子春秋後五百年之期於是論次其文會草創未就而遭李陵之禍惜其不成是以就刑而無慍是遷爲太史令卽編纂史事五年爲太初元年則初爲太史令時乃元封二年

資治通鑑二百九十四卷附通鑑釋文辯誤十二卷

宋司馬光撰　元胡三省音注資治通鑑並撰通鑑釋文辯誤

嘉慶二十一年胡克家仿元刻本

胡克家宣稱乃以所謂『元時官刻本』爲底本，延請顧廣圻、彭兆蓀諸飽學之士司職校勘，自言『視元本無異，加精美焉，間有致疑，不敢臆改』。儘管真實版刻情況，與其本意頗有差距，但校勘此等長篇鉅著，已殊屬不易，堪稱佳本。世間流行，多洪、楊亂後印本，其後半部均爲重刻補版。此尚是嘉慶間原版刷印，今已不易收得。

版框高二一〇毫米，寬一四一毫米。黑口。

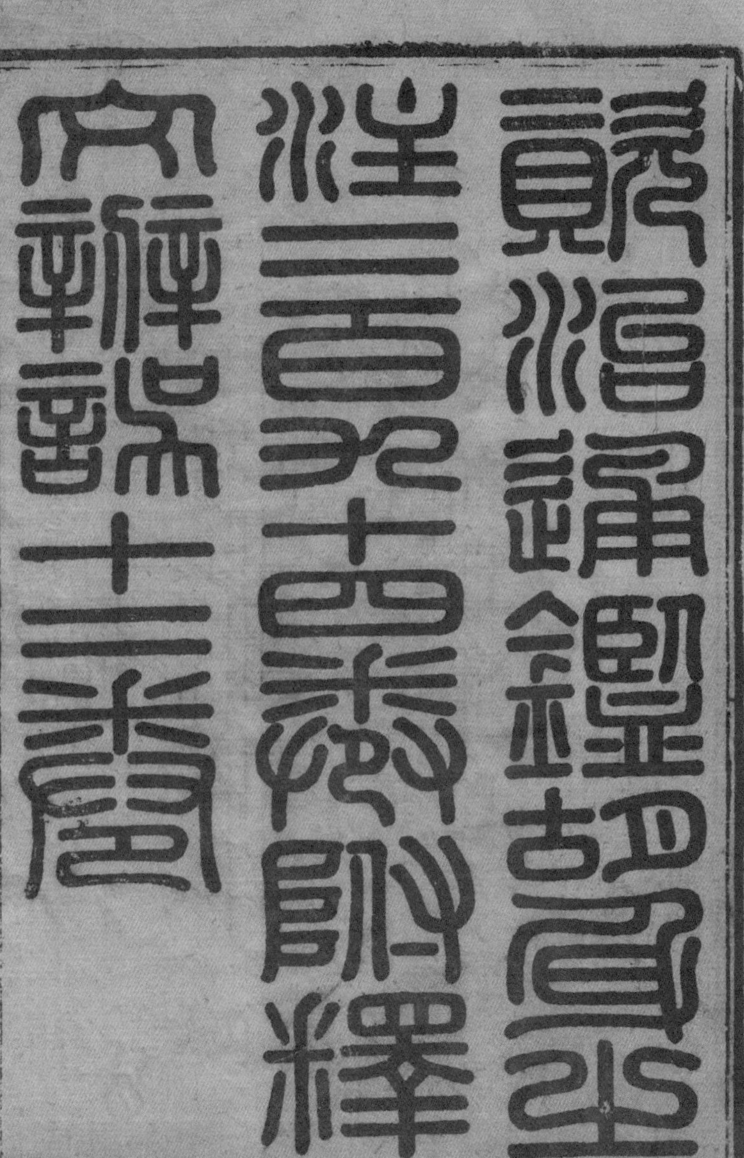
資治通鑑胡身之
注二百九十四卷附釋
文辨誤十二卷

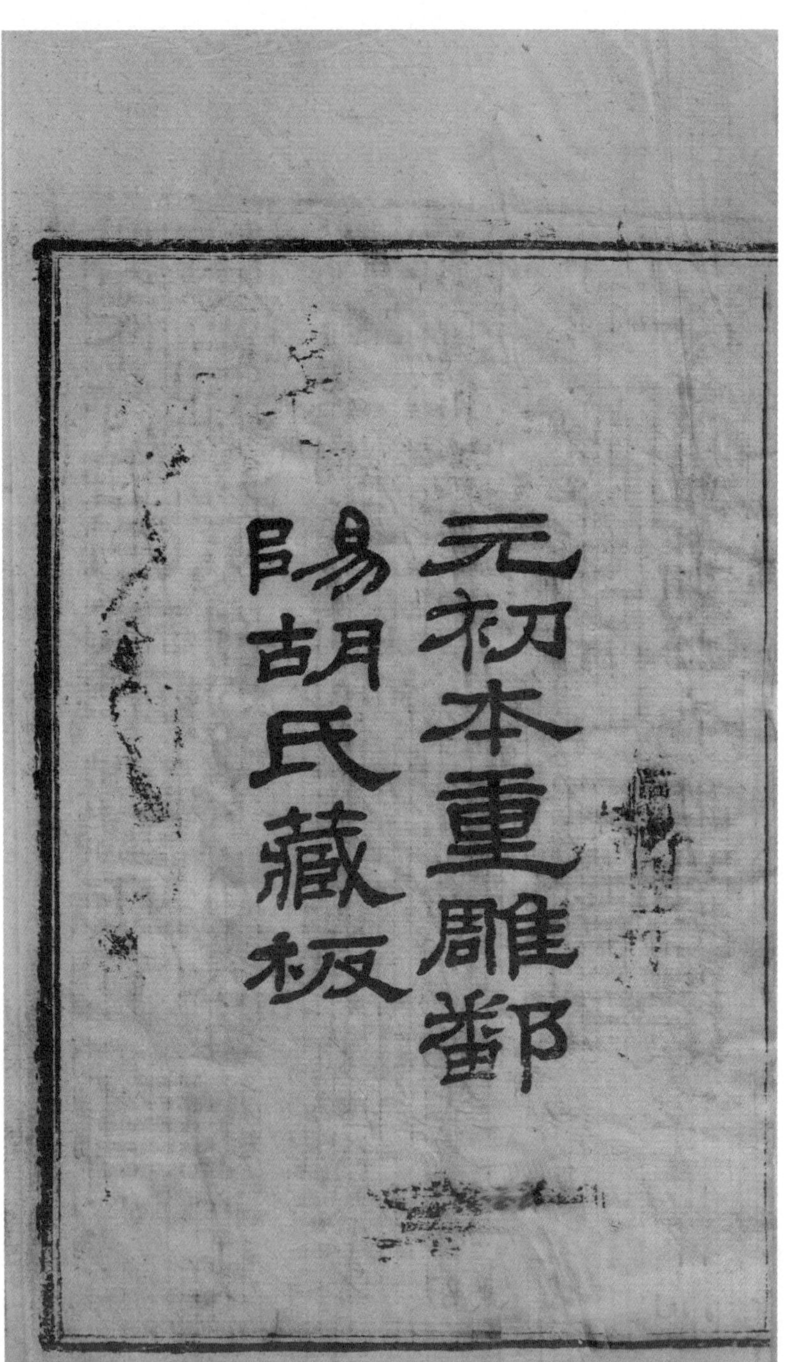
元初本重雕鄱
陽胡氏藏板

資治通鑑卷第一

朝散大夫右諫議大夫權御史中丞充理檢使上護軍賜紫金魚袋臣司馬光奉

勑編集

後學天台胡三省音註

周紀一

起著雍攝提格盡玄黓困敦凡三十五年

丙曰柔兆在丁曰彊圉在戊曰著雍在己曰屠維在庚曰上章在辛曰重光在壬曰玄黓在癸曰昭陽是爲歲陽在寅曰攝提格在卯曰單閼在辰曰執徐在巳曰大荒落在午曰敦牂在未曰協洽在申曰涒灘在酉曰作噩在戌曰掩茂在亥曰大淵獻在子曰困敦在丑曰赤奮若是爲歲名周紀分註起著雍攝提格起戊寅也盡玄黓困敦壬子也閼讀如字史記作焉於乾翻著陳如翻雍於容翻黓逸職翻單閼上

加精美焉間有致疑不敢臆改擬别爲考證以質來茲承學之士由此書以博徵千三百六十二年治忽之迹因益以仰窺

睿裁予奪之公識千古勸懲之旨其裨益於人心學術者甚大夫豈詞章訓詁之書所可同年而議豐碩哉予既賴諸君子相助之雅而幸古籍之得傳故樂書其緣起如此若夫温公當日作書之意與其持身行政之大蓋非淺嘗略涉守陳言故紙所得而喻者讀其書知其人是在學者自得之矣

嘉慶二十一年四月上旬鄱陽胡克家書

通鑑釋文辯誤卷第一

天台胡三省身之

通鑑一

周威烈王二十三年智伯求蔡皋狼之地於趙襄子

史炤釋文曰皋狼春秋蔡地後爲趙邑海陵本費本同余按春秋之時晉楚爭盟晉不能越鄭而服蔡三卿分晉韓得成皋因以并鄭時蔡已爲楚所滅鄭之南境亦入于楚就使皋狼爲蔡地趙襄子安得而有之漢書地理志西河郡有皋狼縣又有藺縣漢之西河春秋以來皆爲晉土而古文藺字與蔡字

通鑑注商十八卷

清趙紹祖撰

嘉慶二十四年趙氏古墨齋刻本

書乃訂正胡三省《通鑑》注之謬。刊刻精整，書版後與趙氏其他著述在道光年間彙印爲《古墨齋集》，然行世無多。此本墨色鮮亮，字跡清晰，應屬雕版竣事後初印之本，今更稀見難求。鈐『朱樫之印』白文方印、『玖聃』朱文長方印、『永清朱樫之拜長恩室藏書記』朱文方印及『玖聃手校』白文方印，知爲清末河北永清藏書家朱樫之舊藏。

版框高一九八毫米，寬一四〇毫米。白口。

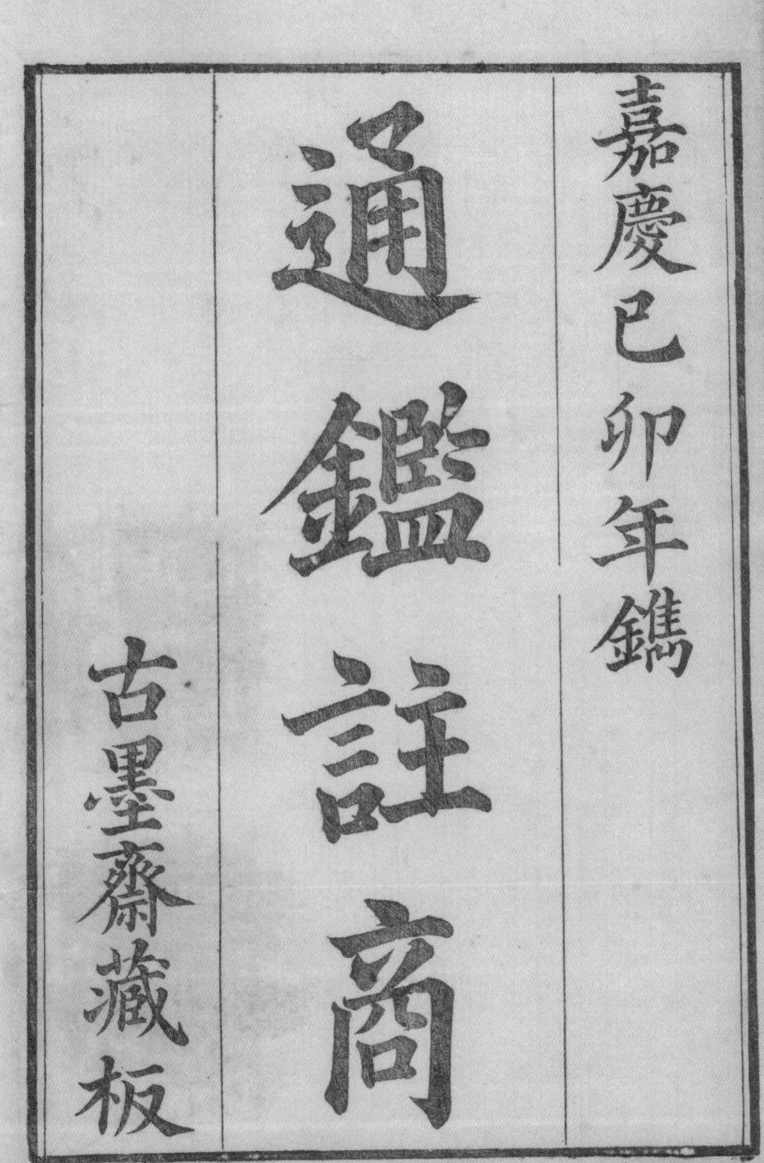
嘉慶己卯年鐫
通鑑註商
古墨齋藏板

通鑑注商卷目

通鑑注商　卷一

涇縣趙紹祖琴士學

男國楨孫同璋仝校

秦始皇五年初劇辛在趙與龐煖善已而仕燕

胡氏注曰赧王三年劇辛自趙適燕余桉趙不用廉頗者以其老也自赧王三年至始皇五年七十年矣劇辛適燕時年當弱冠在趙與龐煖善煖年亦當相等不應燕趙兩國皆將此八九十餘老人也意此事不在此年否則或又一劇辛胡氏不能舉正而注若此未免率爾

通鑑注商　卷一　一

⊙ 通鑑注商內文首頁

聖武記十四卷

清魏源撰

道光二十二年魏氏古微堂初刻本

是書在道光年間連續刊刻三次，逐次增多衍繁，並有删削改訂。此爲初刊之本，上梓於道光二十二年，再刊本係道光二十四年刻印於蘇州，三刊本係道光二十六年刻印於揚州。此書爲一時名著，道光二十二年初刻本對瞭解魏源的認識過程具有獨特史料價值，而印本傳世頗罕。此本書中多處存有墨釘待填，或屬試印樣本，更彌足珍貴。

版框高一七二毫米，寬一三四毫米。白口。

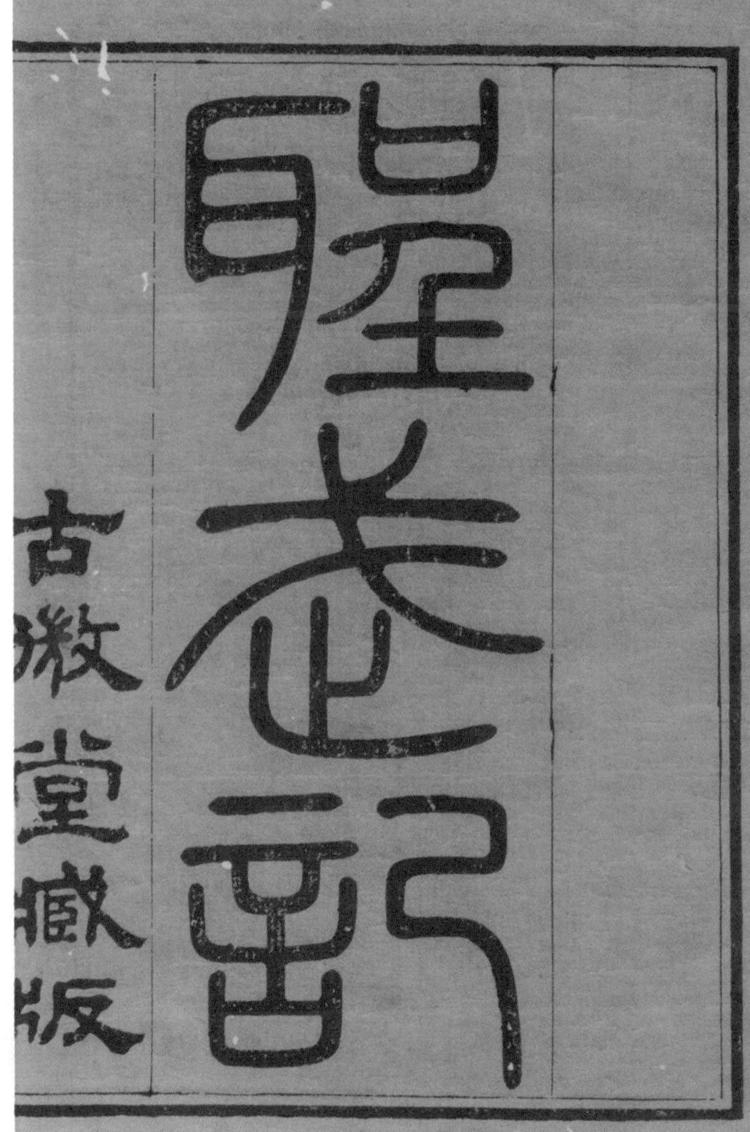
聖武記
古微堂藏版

軍令飭天下之人心皇然以軍事軍食延天下之人材人材進則軍政修人心肅則國威遒一喜四海春一怒四海秋五官強五兵昌禁止令行四夷來王是之謂戰勝於廟堂是以後聖師前聖後王師前王師前聖前王莫近於我 烈祖 神宗矣書曰其克詰爾戎兵以繼禹之迹方行天下至於海表以覲文王之耿光以揚武王之大烈用敢拜手稽首作 聖武記

道光二十有二載元黓攝提格之歲孟秋相月哉生魄內閣中書舍人邵陽魏源敘于江都絜園

⊙ 聖武記內文首頁

聖武記卷一

邵陽魏源譔

開國龍興記一

維帝軒轅·畫井始遼·粵及有虞·州剖十二·而遼以西則剖冀東北境·是爲幽州·遼以東則剖青海外境·是爲營州·于是有古孤竹之虛·有古肅慎氏之國·古孤竹國在今遼西錦州府地肅慎國在今遼東吉林寧古塔地肅慎即女眞之轉音楛矢肇騎射之本俗至漢分爲三韓蓋三汗並治之徵天官書曰中國山川其維首在隴蜀·其尾沒于碣渤·蓋東方出震·天地所以成終而成始·旁薄鬱積數千年·以有　大淸國·　大淸國之興也·肇有金遼部落·

其中西南三城居民毋徙并祠史可法以旌其忠降明
廣昌伯劉良佐兵十萬高傑舊部兵十三萬傑子高元爵及部將
李本深李成棟李棲鳳等率之以降遣貝勒尼堪貝子屯齊等追福王于
蕪湖明靖南侯黃得功中流矢死總兵田雄馬得功擁
福王出降江南悉定而英王上游追流寇之兵亦至九
江東流縣明故寧南侯左良玉子夢庚兵十萬降于英
王軍前九江督師袁繼咸被執不屈死英王遣章天于偕降將金聲桓
徇江西又遣兵分守荆州武昌盡收湖北班師豫王遣
降御史王懩黃家鼒[illegible]等赴安慶寧國常蘇松江
各府收降冊并發兵三千以往楊文驄襲殺黃家鼒子蘇州走浙江後死于閩

下乃購土人嚮導由旌德新嶺間道入潰其守兵十餘寨遂薄績溪城下金聲晝夜拒戰秋九月降臣黃澍未薙髮服故衣冠詭稱援兵入績溪金聲啟城納之遂爲內應陷焉是時禁旅不能偏及降將武夫乘機煽虐所至地毛如洗惟張天祿故史可法部將尙有承平節制營徽州山上嚴戒軍士入城亥春淫雨浹旬父老固請天祿堅不下山與三軍暴露徽人感泣事聞有

詔嘉獎洪承疇復遣總兵馬進功禽樊山王常㴸于潛山禽高安王常淇于婺源金聲桓亦遣其部將王體忠復建昌王得仁復撫州益王等敗竄各郡邑皆復

庭聞錄六卷附錄平定緬甸一卷

清劉健撰　約嘉慶間刻本

《庭聞錄》撰著於康熙五十八年。作者父劉崑，在清初三藩之變時官雲南府同知，因不受吳三桂之命而遭謫戍騰越衛，劉健則隨侍乃父。此書即追憶當時趨庭所聞吳三桂事始末，史料價值頗高。所附《平定緬甸》作者未詳，惟文中已述及乾隆三十餘年事。此書《四庫全書》未收，單刻舊本更極罕見，謝國楨先生《增訂晚明史籍考》等，俱言在世無單行印本，故雖巾箱小本，實甚罕見。書衣鈐『太上皇帝之寶』朱文方印。

版框高一一四毫米，寬八六毫米。白口。

庭聞錄

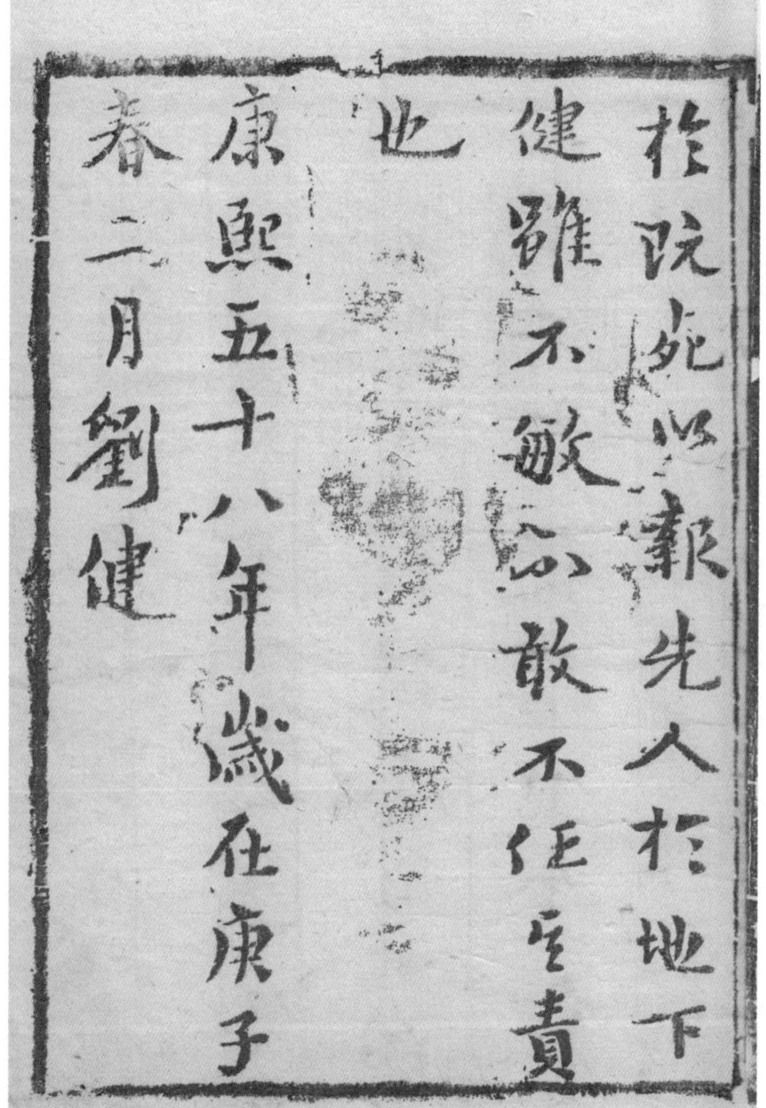

於既死以報先人於地下
健雖不敏亦敢不任其責
也
康熙五十八年歲在庚子
春二月劉健

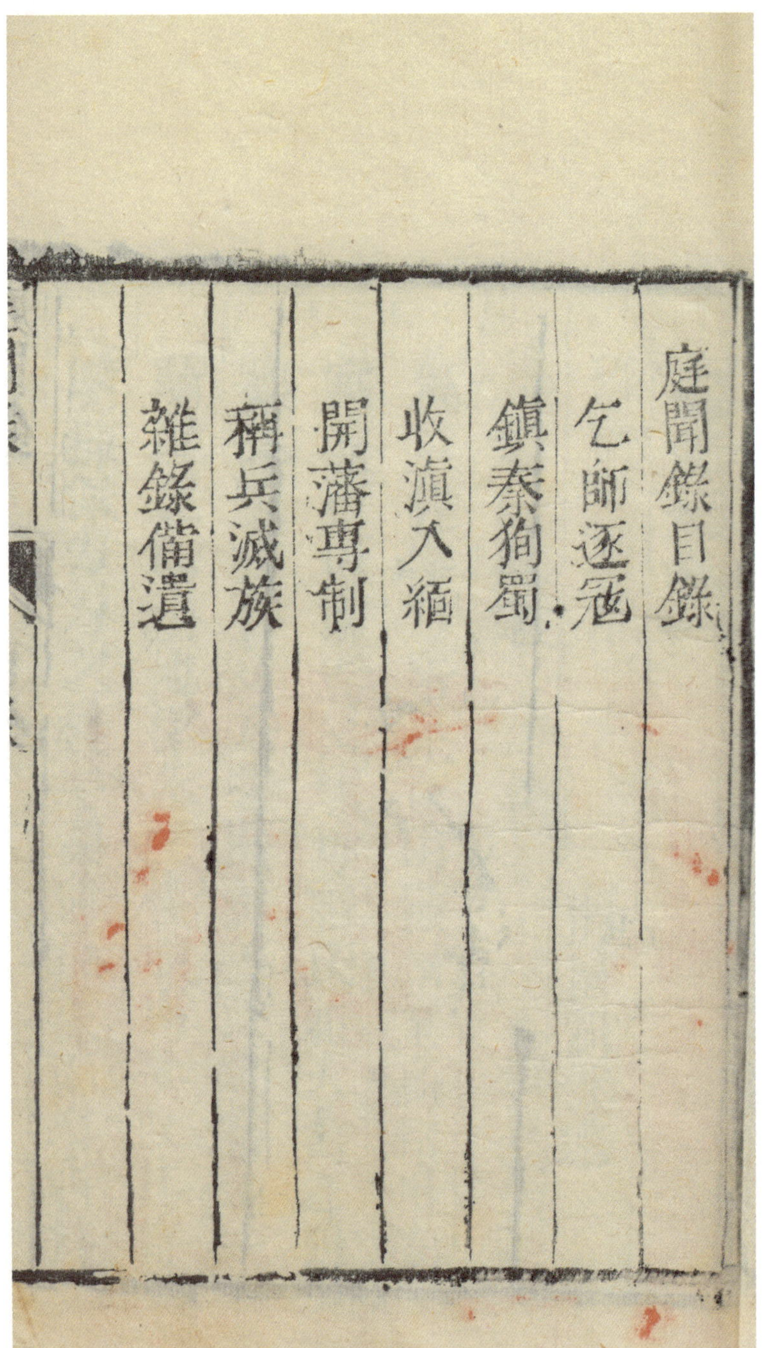

庭聞録目録

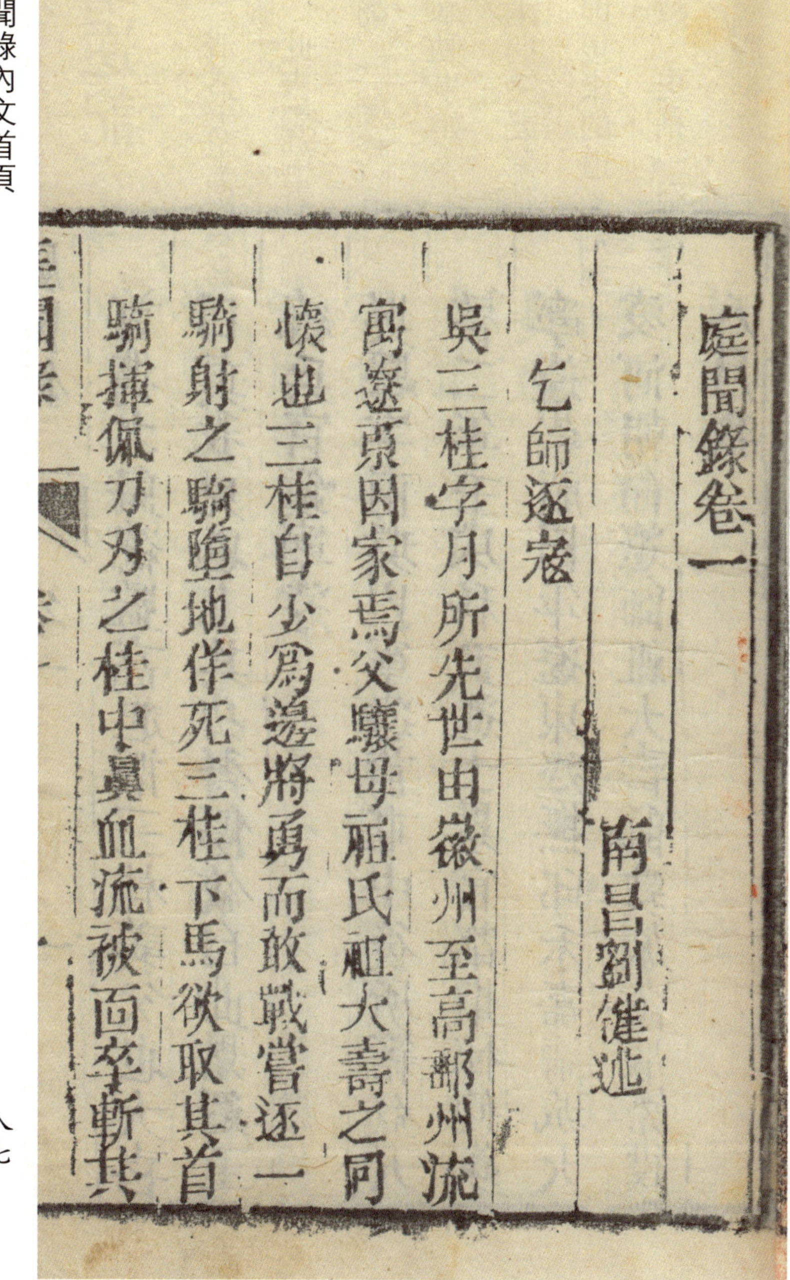

庭聞錄卷一

南昌劉健述

乞師逐寇

吳三桂字月所先世由徽州至高郵州流寓遼東因家焉父驤母祖氏祖大壽之同懷也三桂自少爲邊將勇而敢戰嘗逐一騎射之騎墮地佯死三桂下馬欲取其首騎揮佩刀刃之桂中鼻血流被面卒斬其

⊙ 庭聞錄內文首頁

靖逆記六卷

清盛大士撰　嘉慶二十五年春盛氏原刻本

此書卷端署『蘭簃外史纂』，實出盛大士手。盛氏時任淮安府山陽縣教諭，『蘭簃』乃其自號。是書記嘉慶十八年天理教首領林清、陳爽等率民暴動事始末，史料價值極高。此役陳爽等七十餘天理教徒由東華、西華兩門突襲紫禁城，部分人員已衝到皇帝寢宮乾清宮前，幸賴皇儲旻寧亦即後來的道光帝率諸皇子及宮内太監平定其事。此事係清代中期一大變故，史稱『癸酉之變』。此原刻本存世頗罕。

版框高一七一毫米，寬一一二毫米。白口。

嘉慶庚辰春鐫

蘭簃外史纂

靖逆記

文盛堂梓

靖逆記

甲戌中春、余計偕北上、道經山左、遇客自軍中來者、備述齊豫用兵事、及至京、詢及林逆搆亂、都人士言之甚詳、因綴錄所聞、猶懼傳語失實、鮮所考徵、丁丑復客京師、恭讀

欽定平定教匪紀畧、謹爲叙列時事、附綴曩聞、釐爲六卷、事歸傳信、故弗襲浮言、義涉可疑、則靡敢臆說、艸莽下賤、學蕪識尠、尚賴大雅著作之林、重爲釐定、或不戾於體裁也、蘭簃外史

靖逆記卷之一

蘭簃外史纂

平定林逆

嘉慶十八年癸酉七月

駕幸木蘭行秋獮禮、 皇子扈從、八月癸丑、

上至布克崖口時天氣晴爽、

上命進哨行十三圍于九月戊辰出哨回蹕、是夕忽雨歷三晝夜、溪水驟溢、沙漬泥淖、人馬皆不得前、雨霽、僅行五圍、即從中哨門伊瑪圖口回駐山莊、

⊙ 靖逆記內文首頁

東牟守城紀略一卷附東牟守城詩一卷

清戴燮元撰

同治八年廣州刻本

記咸豐年間作者在山東東牟防禦捻軍攻掠事。此書後雖彙印入《丹徒戴氏叢刊》，然流傳甚尠，故余得此本雖略有殘闕，亦珍重儲之。

版框高一七〇毫米，寬一一三毫米。白口。

招報四鄉多被蹂躪黃報亦如之

發五百里軍報

報招黃軍情

賊犯文登知縣徐福臻副將黃承第團練委員工部主事畢瀚昭等禦賊於崑嵛山賊乃卻

時文登官紳議守山口乃檄文榮二縣團丁會合官兵約集甯海東境鄉團禦賊於甯文交界之崑嵛山賊不得入尋引去

浚水門濠溝

晉略十冊六十六篇

清周濟撰　道光十九年周氏味雋齋原刻本

此書係因唐太宗主持下『御撰』的《晉書》文字繁冗，華而不實，且前後自相牴牾，從而刪略改寫以成。周氏自言其書『事即前史，言成一家』，『折衷依於涑水，庶幾無悖資治之意』，即其旨意不在於辨析考訂具體的史事。此道光原刻本傳世稀少，另有光緒二年重刻本通行。鈐『周氏家藏』白文長方印，或屬周濟傳家之書亦未可知。另有『貴陽李獨清藏書記』白文長方印，知曾入晚近貴州學人李獨清書齋。

版框高一九一毫米，寬一四〇毫米。白口。

道光己亥開雕
晉略
味雋齋藏板

晉畧第一冊

第二冊

第三冊

晉畧本紀一

武帝　　荆溪周濟譔

帝諱炎字安世氏曰司馬楚漢時卬為殷王都河內其後因居溫云八世至漢征西將軍鈞鈞生豫章太守量量生潁川太守儁儁生京兆尹防防子八人其第二子曰懿懿子九人長曰師次曰昭（懿妻張氏河內平皐人生三子師昭幹張有權畧魏武初辟懿懿辭以風痹天暴雨不覺自起收書家惟一婢見之張恐事泄手殺婢遂自執爨及懿寵柏夫人不禮張張嘗覘懿疾懿曰老物可憎何煩出也張恚不食諸子亦不食懿乃謝之既而告人曰老物不足惜慮困我好兒耳魏正始八年年五十九卒武帝受禪追尊曰宣穆皇后）帝昭長子也懿字仲達漢末為魏國太子中庶子魏武察其雄豪欲除之賴太子丕以免文帝末以撫軍將軍錄尚書與曹眞陳羣並受顧命明帝卽位封舞陽矦遷驃騎將軍太和元年都督荆豫二州鎮宛平孟達四年遷大將軍加大都督假黃鉞與曹眞伐蜀青龍四年遼東叛徵詣京師景初二年平遼東還至薊使者迎勞增封詔便道復鎮

⊙ 晉略內文首頁

歷代紀年便覽一卷

清陳鍾珂撰

道光二十七年刻本

略記歷代帝王姓名、在位年數、壽數、年號及年號行用時間、陵號、葬地等，供讀史者隨手檢閱。書至淺至俗，惟亦因此傳世無多，且可藉此瞭解當日學史狀況。其書今已罕見難求。

版框高一六五毫米，寬一二〇毫米。白口。

歷代紀年便覽

桂林陳鍾珂穌園輯

湘西黃世杰偉堂重刊

五帝紀 宋五峰胡氏斷以孔子易大傳以伏羲神農黃帝堯舜爲五帝

太昊伏羲氏 風姓都於陳今河南開封府陳州在位百一十有五年葬於陳

炎帝神農氏 姜姓名石年少典氏之子初

竹書穆天子傳六卷

晉郭璞注　清洪頤煊校

嘉慶九年洪氏金籠山房原刻本

洪氏自序云『取今《漢魏叢書》本，與明程榮本、吴琯本、汪明際本、錢唐趙君坦所校吴山《道藏》本暨《史》《漢》諸注、唐宋類書所引，互相參校，表其異同，正其舛謬』。此本毛裝，書口下部鐫『鄂不館校本』。

版框高一七八毫米，寬一二九毫米。黑口。

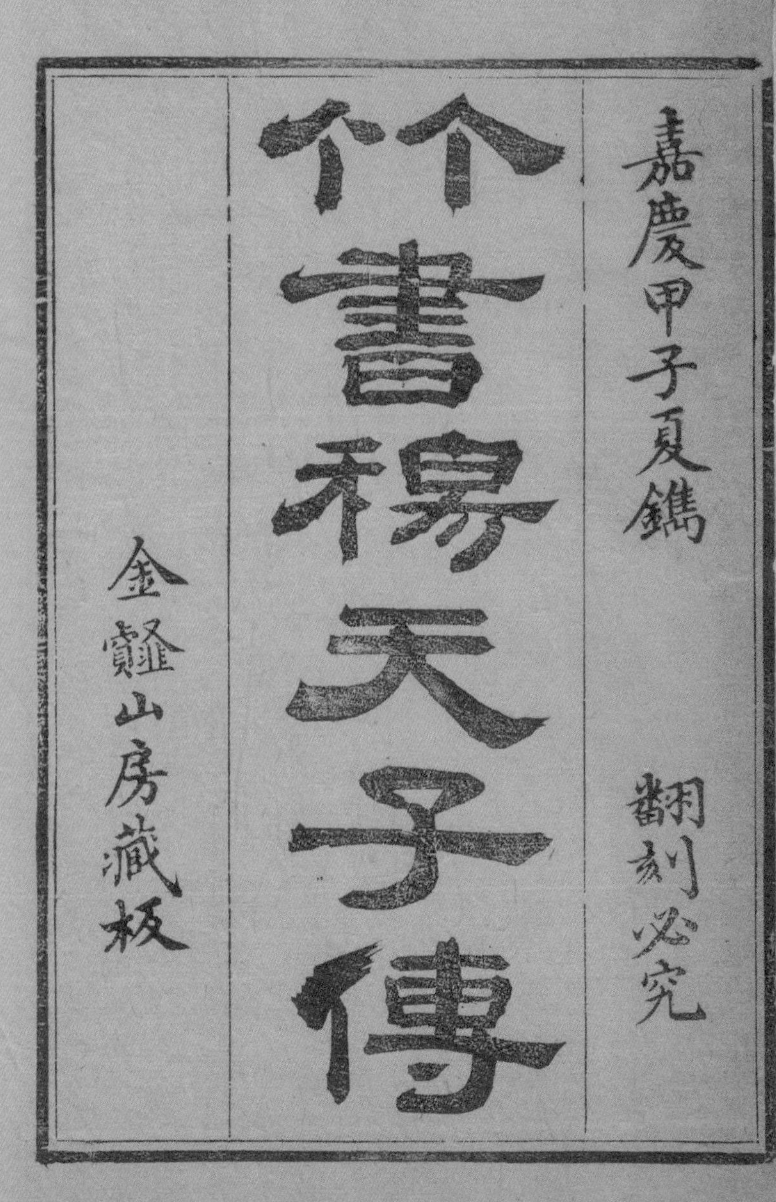

嘉慶甲子夏鐫

竹書穆天子傳

翻刻必究

金鱧山房藏板

之荒落因不揣檮昧取今漢魏叢書本與明程榮本吳琯本汪明際本錢唐趙君坦所校吳山道藏本暨史漢諸注唐宋類書所引互相參校表其異同正其舛謬爲補正文及注若干字删若干字改若干字其無可校證者闕之徒恨傳譌已久未能盡復舊觀如釋古彝器碑碣之十得五六云爾嘉慶九年太歲在子五月九日臨海洪頤煊書於藁城官舍

竹書穆天子傳卷一

晉 郭璞 注　臨海 洪頤煊 校

古文

飲天子蠲（音涓）山之上戊寅天子北征乃絕漳水（絕猶截也漳水今在鄴縣）庚辰至于口觴天子于盤石之上（觴者所以進酒因云觴耳）天子乃奏廣樂（史記云趙簡子疾不知人七日而寤曰我之帝所甚樂與百神遊于鈞天廣樂九奏萬舞不類三代之樂其聲動心廣樂義見此）載立不舍（言在車上立不下也）至于鈃山之下（燕趙謂山脊為鈃即井鈃山也今在常山石邑縣鈃音邢。注燕趙謂山脊為鈃七字本脫从太平御覽一百六十一引補井字也字从御覽八十五引補辛楷詹事云井鈃即井陘古讀鈃如陘宋本即宋鈃也）癸未雨雪天子獵于鈃山之西阿（阿山陂也。阿太平御覽十二八十）

竹書穆天子傳卷一　一

鄂不館校本

國語校注本三種二十九卷

清汪遠孫撰

道光二十六年汪氏振綺堂精刻本

篇首有陳奐序文，乃作者身後經陳氏整理遺稿付梓。含《國語三君注輯存》四卷、《國語發正》二十一卷、《國語明道本考異》四卷，總計二十九卷。卷末鐫『武林富元熙栞』注記。所謂『三君』者，乃東漢賈逵、孫吳虞翻與唐固，惟汪氏《輯存》尚兼採曹魏王肅和晉人孔晁之説。其書字體仿宋而頗具特色，在清人同類版刻中亦堪稱精品。此本刷印較早，且書品寬大，殊爲難得。

版框高一六七毫米，寬一二〇毫米。白口。

國語校注本三種

次閑趙之琛題

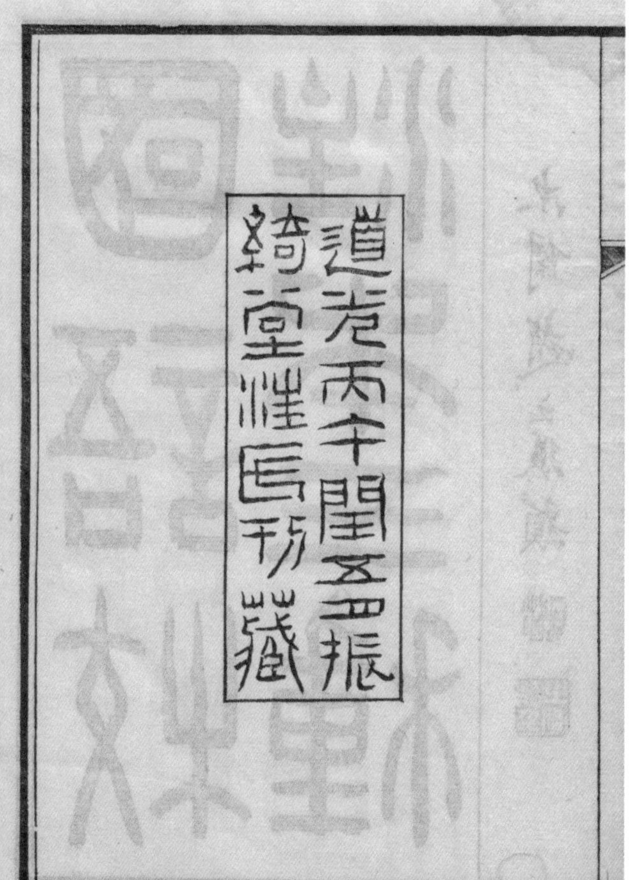
道光丙午閏五月振
綺堂汪氏刊藏

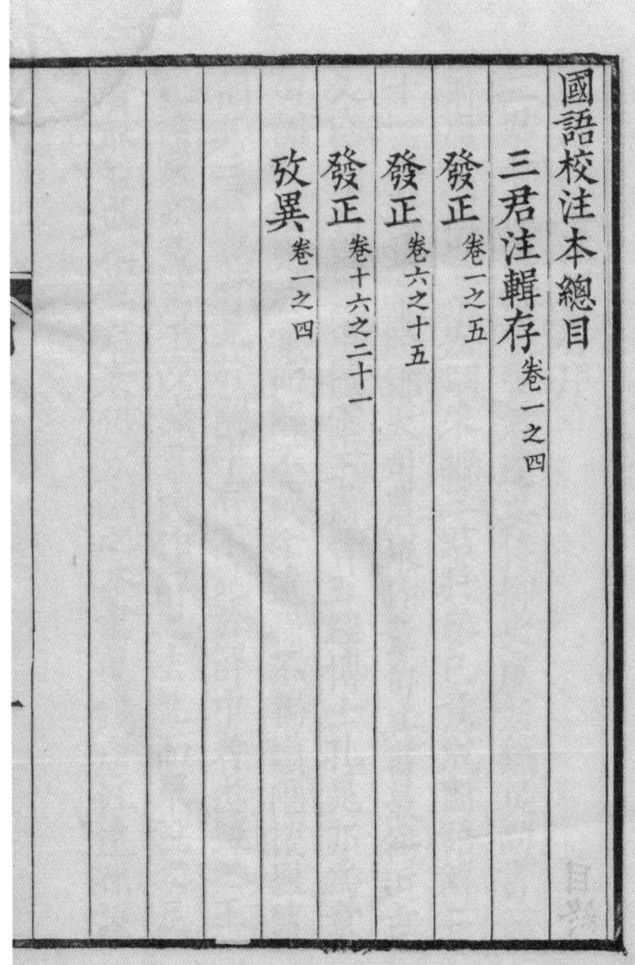

國語校注本總目

三君注輯存　卷一之四

發正　卷一之五

發正　卷六之十五

發正　卷十六之二十一

攷異　卷一之四

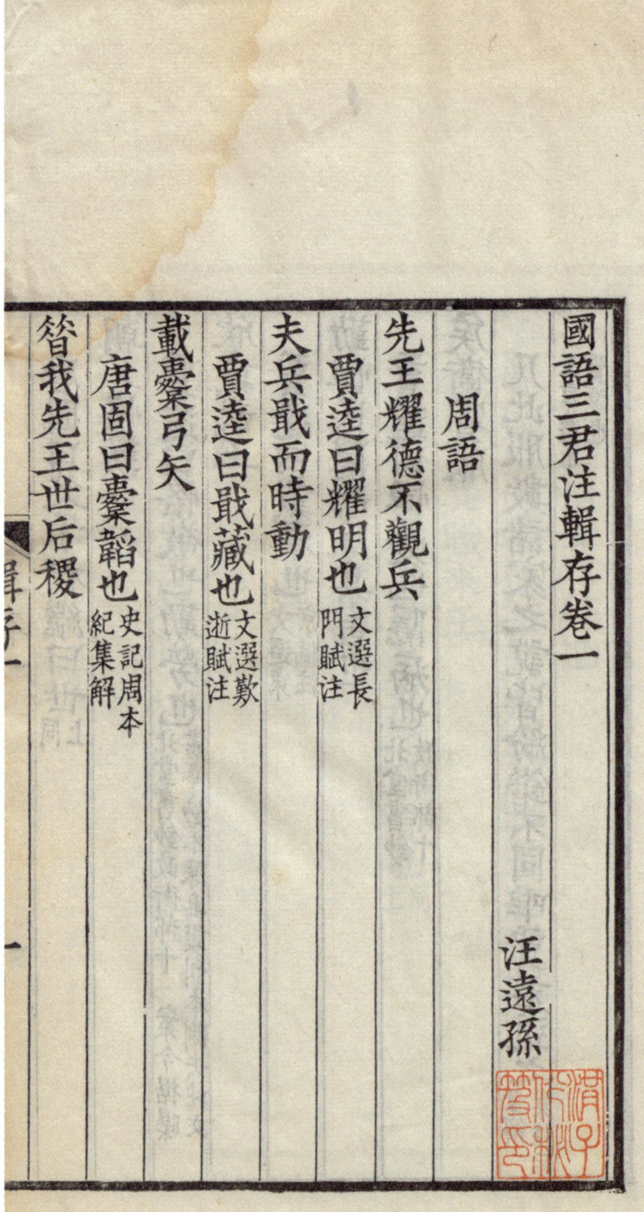
國語三君注輯存卷一

汪遠孫

周語

先王耀德不觀兵

賈逵曰耀明也文選長門賦注

夫兵戢而時動

賈逵曰戢藏也文選歎逝賦注

載櫜弓矢

唐固曰櫜韜也史記周本紀集解

昔我先王世后稷

⊙國語發正內文首頁

國語發正卷一

汪遠孫

周語上

穆王(解)穆王周康王之孫昭王之子穆王滿也

詩民勞孔疏及禮記郊特牲孔疏引世本康王生昭王昭王生穆王穆王生恭王案韋宏嗣自敘云以世本考其流則韋解多出世本矣史記集解序索隱曰劉向云世本古史官明於古事者之所記也錄黃帝已來帝王諸侯及卿大夫系謚名號凡十五篇漢書藝文志云世本十五篇古史官記黃帝以來訖春秋

國語明道本攷異卷一

汪遠孫

國語卷第一　周語上

宋公序補音題卷周語上第一後放此公序言天聖初宗人同年生緘本如此案補音題卷最近古

解在荒服之中　嘉靖重刊宋公序本無之中二字許宗魯金李皆嘉靖重刻本也許金兩本閒有異同不復悉載

解周公之肖矣　矣公序本作也案內傳僖二十四年作也字凡韋注不必盡同內傳而宋公序往往改就內傳非韋氏原本也凡若也矣等字有無異同無關文義者不悉載

耀德　史記周本紀後漢書荅勳傳耀作燿說文無耀字

解楯　補音作盾盾楯古今字

解故陳其功德　公序本無德字是也史記集解及詩箋皆無德字

解信武王　信下公序本有哉字是也史記集解及詩箋皆有哉字

懋　補音作茂云通作懋

解障壅　障公序本作鄣舊音同案鄣非此義宋公序言舊音唐人箸譔

昔我先王世后稷　公序本無王字非也內傳成十六年疏引國語有王字史記同索隱曰譙周案國語云世后稷以服事虞夏言世稷官是失其代數也允南以世字屬下讀所据本有王字可知且玩韋解自

國語明道本考異篇末刻工名

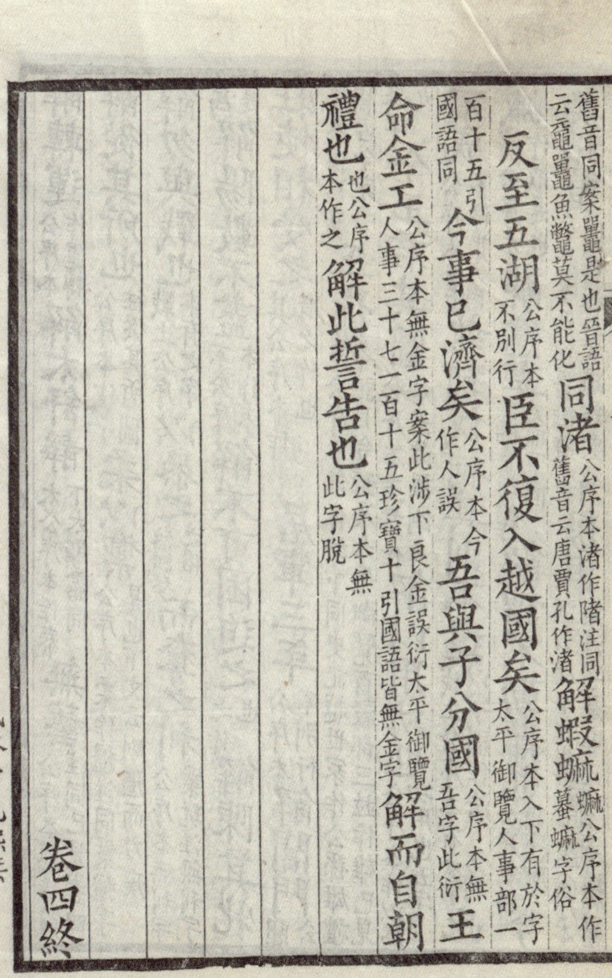

舊音同案鼉是也晉語云鼃鼉魚鼈莫不能化 同渚 公序本渚作陼注同舊音云唐賈孔作渚 解蝦蝲 蝲公序本作蟇蝲字俗 反至五湖 公序本不別行 臣不復入越國矣 公序本入下有於字太平御覽人事部一百十五引國語同 今事已濟矣 公序本今作人誤 吾與子分國 公序本無吾字此衍 王命金工 公序本無金字案此涉下良金誤衍太平御覽人事三十七一百十五珍寶十引國語皆無金字 解而自朝禮也 也公序本作之 解此誓告也 公序本無此字脫

卷四終

武林富元熙栞

按浙四明文告一卷

清王元曦撰

約順治刻本

是書與下《按浙苕溪文告》《按浙嚴陵文告》應俱屬巡按御史出行浙江時所發佈《按浙文告》之一部分。當時所刊全套文告，應尚包含浙江其他府州。惟此四明、苕溪、嚴陵三地文告卷首目次俱單列書名，僅在上書口處同刻有『按浙文告』四字，故在此依其逐卷卷首題名，分別著錄。原書未見作者題名，檢康熙初年刊《政刑大觀》，其中所收文告有多篇標示出自《按浙文告》者，係出自順治十三四年浙江巡按王元曦之手，而內容與此書相同，故可確認該書作者即此王公。該文告反映清朝初年寧波地區多方面社會狀況，具體翔實，是價值極高的第一手史料，而時過境遷之後，世間文人忽視此等公文性文字，故難得保存流傳，世所罕見。其版刻字體沿承明末杭州地區通行的瘦長方體字風格。

版框高二一一毫米，寬一四八毫米。白口。

按浙四明文告目次

嚴革軍需積弊

爲軍需之供甚苦特先嚴禁弊竇以稍濟民艱事竊照海氛未靖止戈尚俟師行糧食一應軍需總皆開銷正項自當支取庫儲採買備用有司官往往以兵機緊急倚馬待芻燃灶待炊誠恐錢糧徵納未必如期發辦採買不能立就因而令里役承值就其輸納之數扣抵正糧雖納穗納秸百姓急公之誼然而新絲新穀已不知幾竭筋力矣海上頻年用兵此法寧郡行之已

按浙苕溪文告 一卷

清王元曦撰

約順治刻本

係作者《按浙文告》之一部分。反映清初湖州地區多方面社會狀況，史料價值極高，印本世所罕見。

版框高二一〇毫米，寬一四八毫米。白口。

弭盜安民

爲經年費盡諮詢費盡心血酌成弭盜八議法在必行以除湖民第一大害事照得苕郡南通勾縣北接太湖西疊層山東連吳會兼之支流百出大港衡分盜賊出沒不常刼掠焚燒村落幾無寧日上司議勦議撫不啻顙秃唇焦各屬出捕出兵總係空文故套以致盜賊日横一日百姓日慘一日地方失事日多一日本院微服民間諮詢疾苦萬戶同聲哀號載道皆謂强盜

苕溪

按浙嚴陵文告一卷

清王元曦撰

約順治刻本

係作者《按浙文告》之一部分。反映清初嚴州地區多方面社會狀況，史料價值極高，印本世所罕見。

版框高二一四毫米，寬一四八毫米。白口。

曉諭申寃

爲曉諭事照得本院奉

命廵方原爲爲周諮利病體察民瘼故凡百姓受勢豪之寃抑被衙蠹之欺凌遭貪婪官吏之魚肉呼天呼父母而不得者本院振援而昭雪之唯恐本院之心不能下通於百姓百姓之苦不能上達於本院爰是按浙以來驄跡所至脫畧體統嚴禁從役阻攔小民有哀呼號泣者不論衙門道路男婦老幼俱得於本院之前備細詢問駐

視聞紀略一卷

清藍潤撰　順治刻本

作者藍潤爲順治丙戌進士，官至湖廣布政使。《四庫全書總目》别集類存目書中列有藍氏文集《聿修堂集》，四庫館臣稱『其爲江南學政時有《視學録》，爲福建參政時有《視閩紀略》，爲廣東參政時有《入粤條議》，爲江南按察使時有《臬政紀略》，今皆未見，惟此集爲其子孫鈔傳』。足見此本傳世絶罕。諸書皆當時公牒。卷首鈐『沈欽韓印』白文方印及『香山草堂藏書記』朱文長方印，知屬乾嘉間著名學者沈欽韓舊藏。

版框高一九三毫米，寬一二六毫米。白口。

視閩紀略 小引

紀略謂何志哀也

王事鞅掌不卹勞愁固人臣之誼若遠 老親而遠遊萬里竟致抱恨終天慟哉子道虧矣即一旦殞滅亦何以見 先君於九原乎此所以罪重而莫可觧淚盡而繼之以血也方春過里門時 先君體氣衰弱

前之苦心也如吏胥之玩猾素不通達文義故事無巨細總不孝潤之心裁手定不遺餘力勞而病病亦未息政事於哀慟迫切之中寢膳幾危之秋痛定思痛約略絕之絲天之恨由於斯而一生之奇苦積於斯矣復何言

順治丙申桂月不孝藍潤泣血謹識

視閩紀略

勞山藍　潤海重甫彙輯

伍月初捌日舟次白沙奉

督撫部院宣　憲牌爲亟催赴任事照得

王師雲集泉南供應事繁該道職司糧儲責任攸

關昨准

總督部院咨劄知該道已叱馭將抵閩境合行

亟催爲此牌仰該道照依事理即便遵

入粵條議 一卷

清藍潤撰

順治刻本

此書爲作者在順治年間出任廣東參政時所撰所刻。其中所議平賦役、禁刁訟、懲衙蠹、勸農民、屬保甲、清獄犴、查兵丁、崇風教諸事，皆關係清初政局之要務，不宜以老生常談視之。此書與藍氏《視閩紀略》一樣，爲纂修《四庫全書》時所未見，印本流傳絕罕，今亦未見別有著錄。卷末鈐『烏程蔣祖詒藏書』朱文方印，知爲密韻樓主人蔣汝藻之子祖詒舊藏。

版框高一九一毫米，寬一二七毫米。白口。

一平賦役

任土作貢原有定制興師動衆徵發無時粤東十郡惟廣南部屬當孔道最衝極疲兵馬雲屯故賦繁而役重役重而差倍之間有積蠹僭端科索横徵私派賦有那移飛灑之名役有勞逸不均之嘆今日之民苦矣粤民苦尤甚焉稅出於田正其期會按季輸納輸矣而復責以輸且有無名之徵包荒地之稅者

臬政紀略 一卷

清藍潤撰

順治十八年刻本

藍潤撰《視閩紀略》《入粵條議》已見前。此書爲作者在順治末年出任江南按察使時所撰所刻，通篇僅有九頁，故殊易毀失。清修《四庫全書》時未見其書，知當時即流傳尠少，今更罕見難求。不論就版刻而言，還是就史料價值而論，都殊堪珍藏珍視。

版框高一八八毫米，寬一二七毫米。白口。

事實

一本司執掌刑名重任自尋事以來痛鑒覆轍馭下甚嚴衙門事宜漸次整頓不遺餘力肯後責革過壞法吏書鄧子厚周六息等叁拾叁名門子鐵禹祿等貳名承差李玉芳等柒名皂隸于一龍等柒名快手梁方印等拾叁名號吏徐大純等伍名一時諸弊肅清除蠹必先自本衙門始也

六部條奏不分卷

清佚名撰

約乾隆間刻本

是書匯録乾隆元年至二十二年間六部條奏文稿，卷端無書名，上書口處鎸『條奏』二字，今此『六部條奏』書名即敝人據此擬定。此雖似殘闕不全之本，亦甚稀見難得。内容多爲當時海禁事宜，史料價值極大。

版框高一七三毫米，寬一〇四毫米。白口。

禁偷渡海船

兵部爲請嚴船户之例以專事議覆福建水師提督王郡查康熙
十六年十月內臣部議准原任福建總督滿保條奏凡有往臺
人必由地方官給照單身游民無照偷渡者嚴行禁止如有違
分別官民嚴加治罪等因又雍正八年三月內臣部議准陞任
建觀風整俗使劉師恕條奏客頭在沿海地方引誘包攬索取
兩用小船載出復上大船者將爲首客頭比照大船僱與下海
人分取番貨例發邊外充軍爲從者減一等杖一百徒三年澳
地保及船户舵工人等知而不舉者亦照爲從例杖一百徒三

治平六策一卷

清薛福成撰

光緒元年刻本

清德宗載湉即位伊始，詔許内外臣工言事，薛福成時爲候補同知，經山東巡撫丁寶楨，於光緒元年進此養賢才、肅吏治、恤民隱、籌海運、練軍實、裕財用六策，一時轟動朝野，對光緒朝一系列『新政』具有直接影響。該疏後收入薛氏文集《庸庵文編》，此則乃兄薛福辰於光緒元年底單刻行世者。薄薄二十餘頁小冊，今已十分罕見。

版框高一六六毫米，寬一一二六毫米。白口。

知府銜直隸候補同知直隸州知州臣薛福成跪

奏爲應

詔陳言仰贊

高深事竊臣伏讀邸鈔欽奉

慈安端裕康慶皇太后

慈禧端佑康頤皇太后懿旨諭令內外大小臣工竭誠

抒悃共濟時艱仰見

聖朝博採讜言之至意海內臣民同深欽仰恭惟

皇太后

皇上勤求治理

安邑縣均減差徭銀兩事宜一卷

清佚名撰

約光緒八年刻本

此本佚失首頁，亦未見内封面，書名係敝人據内容擬題。是書匯聚光緒六、七、八年期間山西解州安邑縣減免部分差徭銀兩事文牘，是研究當時政治、經濟形勢和基層社會生活的重要史料。印本罕見，難得一遇。

版框高二二〇毫米，寬一三二毫米。白口。

俯允所請如稟立案永遠遵行免致官困民累並使小
民稍竭愚忱是爲叩
禱
安邑縣公議均減差徭條規開後
計開
一閤邑額徵銀六萬四千六百六十九兩一錢零三厘
內除原額商税酒稞銀二百一十六兩一錢八分三
厘實徵地丁銀六萬四千四百五十二兩九錢二分

三

清鳌積弊案卷 一卷

清吴國溶撰

光緒二十九年刻本

徽州因其商人商業和明清文書而在中國史研究中佔有特殊地位。是書係彙印徽州府休寧縣貢生汪勳、附貢生吴義遵及廪生金豐泗、吴國溶等具稟呈請清鳌積弊事案卷，頗具史料價值。戔戔小册，通篇不過九頁，然正緣此而極易散失，今已難得一遇。

版框高一八七毫米，寬一二七毫米。白口。

清釐積弊案卷。

具稟廩貢生汪勳、程允福、張振麟、附貢生吳義遵、廩生金豐泗、孫懋紳、吳榮、程允升、吳國濬、增生汪金鏊、張裕傑、黄錫貞、附生凌蔭、生潘光遠、張之麟、吳本誠等，年甲不齊，抱呈齊陞，稟爲擬釐積弊，纏具條陳，粘求憲裁、賞示勒石事。竊思仁政施行，興利必先除弊，弊端叢積，疏流乃可清源。幸逢德曜高臨，民依厪念，下車伊始，弊絶

廣種柏樹條陳 一卷

清徐紹基撰

光緒八年江西書局刻本

作者擬以柏樹油排斥舶來的『洋油』。此番係單刻這一條陳，末署『江西布政使司邊　奉兩江爵閣督憲左　札飭刊刷通行各屬一體勸辦』，蓋一時印行之通告式公牘，僅寥寥四頁。惟其如此，今更罕見難求。

版框高一八四毫米，寬一二一毫米。白口。

⊙ 廣種柏樹條陳內封面

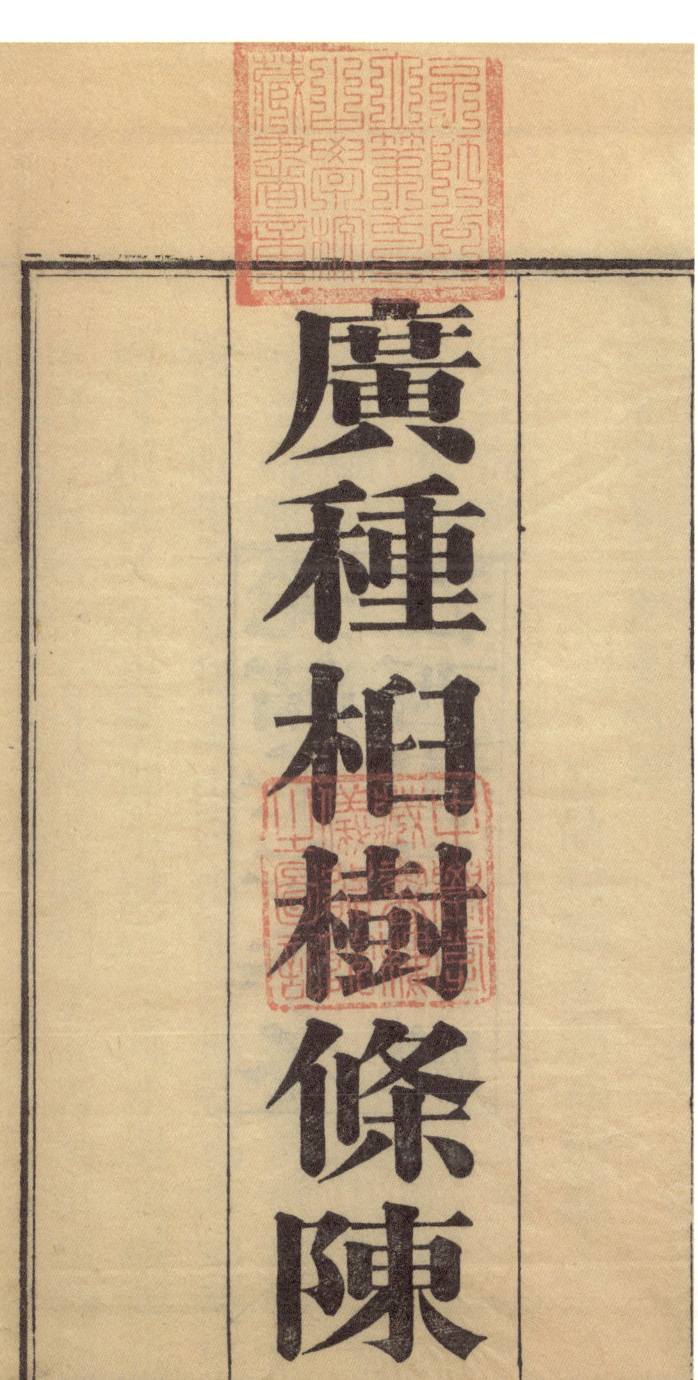

光緒壬午季冬

江西書局開雕

廣種桕樹興利除害條陳

五品封職涇縣徐紹基上

一近江海數省每年暢消洋油數百萬担費用不知其幾億兆而貪黠者以其價巧而光亮不知此油性烈如硫磺焰硝一經著火必焚屋宇此屢遭其害之明驗也而油氣沖人久必受毒欲不黜洋油惟興栽桕樹其所栽之處無論山岡山隴荒地荒場圩埂路傍均可相宜又不畏水即水侵二三尺水退無礙請飭直省各州縣令十月間先購桕子二百觔計銀約四

民教相安 一卷

清高步瀛、陳寶泉撰

光緒刻本

作者題名署『直隸學務處高步瀛、陳寶泉編』。書係針對當時各地教案中比較集中出現的民、教衝突事宜，以淺顯的口語形式向民衆宣講基督教基本知識以及對待基督教和基督教徒的態度。其基本内容，應源自時人周馥《教務紀略》。此本刊刻精整，墨色鮮明，爲初印佳本。

版框高一八六毫米，寬一二〇毫米。黑口。

基督教傳入中國的始末

我中國三千年來　遵奉儒教　儒教崇拜的是孔子　自孔子修明儒教　集羣聖的大成　從漢以來　尊爲先師　奉爲至聖　儒教重倫常　講忠孝　尙禮讓　貴仁義　以格物致知誠意正心爲體　以齊家治國平天下爲用　有體有用　大端正在修身　所以儒教所講的理　不尙奇怪　卻是日用倫常的事　不說鬼神幽眇　人自然不能越出他的範圍　但儒教與宗教

孔子編年四卷

清狄子奇撰

道光十年江寧府刻本

宋人胡仔舊有同名著述，狄氏仿其體例而增廣考實，纂成此書，顯示出時人在考據學背景下研讀《四書五經》之知人論世的旨趣。其書對認識孔丘其人其事，至今仍有重要參考價值。

版框高一六八毫米，寬一二八毫米。白口。

道光庚寅初夏新鐫
孔子編年
江寧府藏版

例言

一孔子魯人因魯史修春秋故是書仍以春秋編年凡孔子轍跡所至自周天子以至列國皆分注元年於其下以備考核餘不錄

一是書略仿綱目體例凡孔子之事有關乎出處之大者皆總揭其要於各年之下後乃分引經傳以證之

一孔子弟子有年名者三十餘人皆足與孔子之年相參考茲皆以次編入其無年者不錄

一是書所引以論語爲主而參考以春秋三傳國語禮記家語史記間有採及孔叢子韓詩外傳琴操水經注說

⊙孔子編年內文首頁

孔子編年卷一

溧陽狄子奇

（原始）謹按孔子名丘字仲尼其先宋人周成王殺武庚封微子於宋微子卒弟微仲立微仲卒子宋公稽立稽卒子丁公申立申卒子湣公共立共卒弟煬公熙立湣公子鮒一作方祀弑煬公以國授其兄弗父何何不受鮒祀立是爲厲公而何世爲宋卿生宋父周周生世父勝勝生正考父考父生孔父嘉子孫因以爲氏孔父爲華督所殺其子木金父奔魯家語及世本俱謂防叔始奔魯非是始爲陬人本左傳杜注及蘇氏古史金父生皐一作睪夷世本作祁父江

顧氏譜系考 一卷

清顧炎武撰

康熙間《亭林遺書》原刻本

亭林先生考述其家世淵源，謹嚴足資當今追溯族系者參考。此本不惟精刻，且屬最初印本，殊難得。

版框高一八八毫米，寬一四四毫米。白口。

⊙顧氏譜系考內文首頁

顧氏譜系考

炎武述

一辨得姓之本

通志　顧氏己姓伯爵夏商之諸侯今濮州范縣東南二十八里有故顧城是其地也子孫以國爲氏又顧氏譜云越王句踐七世孫閩君搖漢封東甌搖別封其子爲顧余侯（路史引輿地志漢文帝封東海王搖之子期視爲顧余侯）漢初居會稽亦爲顧氏

按顧氏相傳有二一爲己姓之顧一爲姒姓之顧己姓顧國祝融之後國語所云昆吾蘇顧溫董者也湯滅之詩云韋顧既伐是也姒姓之顧漢封越

顧亭林先生年譜一卷

清張穆撰

道光二十四年壽陽祁氏刻本

卷首有張穆序，謂其撰著此譜，乃緣於『本朝學業之盛，亭林先生實牖啓之，而洞古今，明治要，學識晐貫，卒亦無能及先生之大者』，故其書關涉有清一朝學術非淺，非尋常名人年譜可比。

版框高一八八毫米，寬一五四毫米。黑口。

亭林年譜

道光廿四年刊
道州何紹基署

亭林先生中年以前小像
第七世姪孫淳德家藏本道州後學何慶涵敬摹

顧亭林先生年譜

謹案　本朝學業之盛亭林先生實巋啓之而洞古今明治要學識賅貫卒亦無能及先生之大者聞桐城胡雒君虔嘗爲先生撰次年譜惜未之見大興徐丈松鈎稽各書依年排纂已寫有定本會何太史紹基自金陵來攜有上元車明經守謙號秋舲所輯譜互用勘校車氏差詳蓋車氏本之崑山吳廣文映奎號銀帆而吳氏又本之先生撫子衍生也徐丈欲更事釐訂以出守榆林未遑穆乃不自揆度比而敘之綜兩

名與文章因時見陶鍊惟茲下學事萬古有繼禪儒林
道學分宋史妄矜衔六藝天道樞班書儒林傳例重班
傳語意
掾先生冠儒林狂瀾植厓堰君親鑒吾身學行須貫穿
願從實踐入敢恃虛談便且當語點士庶弗規爲瑱再
拜別先生歸來已寒霰

閻潛丘先生年譜一卷

清張穆撰　道光二十七年壽陽祁氏刻本

張氏自序云『國朝儒學，亭林之大，潛丘之精，皆無倫比』，實則顧、閻兩人治學宗旨完全不同，顧氏意在重建儒學體系，而閻氏則純粹爲考求史事本來面目而考史治史，是乾嘉學術的真正宗師。張穆爲顧亭林、閻潛丘兩人撰著年譜，實乃把握住了清代學術史上最爲重要的兩位代表性人物。書口下端鐫『𩞄飢亭』。卷末鐫『受業丁壽昌、祝競、趙祿保同校字』『祝堅繕稿』注記。

版框高一八一毫米，寬一四一毫米。白口。

潛丘年譜

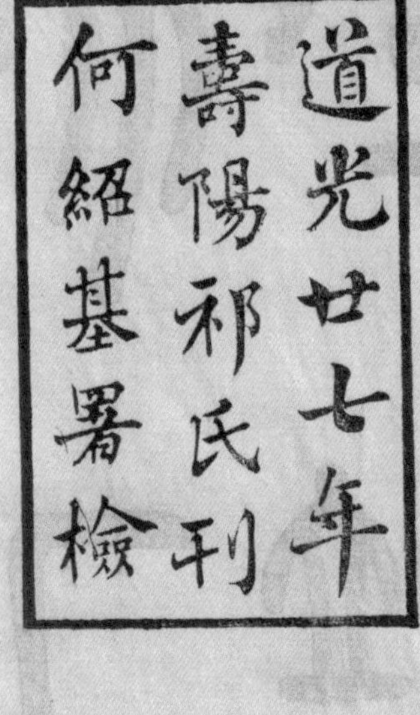

道光廿七年
壽陽祁氏刊
何紹基署檢

閻潛丘先生年譜

郡後學平定張穆編

先生系閻氏名若璩字百詩别署潛丘居士

四庫書提要潛丘者若璩本太原人寄居山陽爾雅曰晉有潛丘元和郡縣志曰潛丘在太原縣南三里取以名書不忘本也　一統志潛丘在太原縣東八里　太原縣志潛丘相傳宋修惠明寺塔陶土爲瓦遂失其形疑即今之瓦窯村　山陽丁儉卿晏嘗於淮安市上得潛丘居士小印珍弆之歲甲辰入京師見穆爲先生所撰年譜遂以印相贈譜中所采山陽詩徵柘塘脞錄皆儉卿所手輯也

始祖仲寶元初自祁縣遷太原嘉節都西寨邨

皇清誥贈奉政大夫兵部職方清吏司郎中從憲陳公崇祀鄉賢錄一卷

清佚名撰

約康熙年間刻本

此陳公名隨時，直隸真定府冀州人，有興學救災等功德，故被尊爲鄉賢，予以崇祀。此書乃滙錄當時崇祀事宜文牘，是研究相關史事重要資料，甚罕見。

版框高一八五毫米，寬一三六毫米。白口。

皇清誥贈奉政大夫兵部職方清吏司郎中從憲陳

公崇祀鄉賢錄

闔郡鄉紳公呈

具呈貴州印江縣知縣楊國楨直隸魏縣教諭

劉國樞江西南康營守備曹延廣原任宣府前

衛守備石明允原任溧陽營守備黃子桂舉人

李艮輔司直武進士劉炳副榜貢生王永錫張

諏拔貢生周琦李伯顧歲貢生楊爾類李宗白

馮躍龍孫鎮李珻武舉人李翼龍李確李若靖

稼書先生年譜一卷

清陸宸徵、李鉉撰

道光間海虞顧湘刻《小石山房叢書》本

譜主爲清初理學家陸隴其，字稼書。作者陸宸徵爲隴其子，李鉉則隴其子婿。此乃道光年間雕版事竣之初印本，殊爲難得。蓋《小石山房叢書》初成未久，即遭洪、楊之亂，書版嚴重損毀，至同治年間修整版片，重刷印行，而其版片印工均遠不及初印者精善。

版框高一七一毫米，寬一二四毫米。黑口。

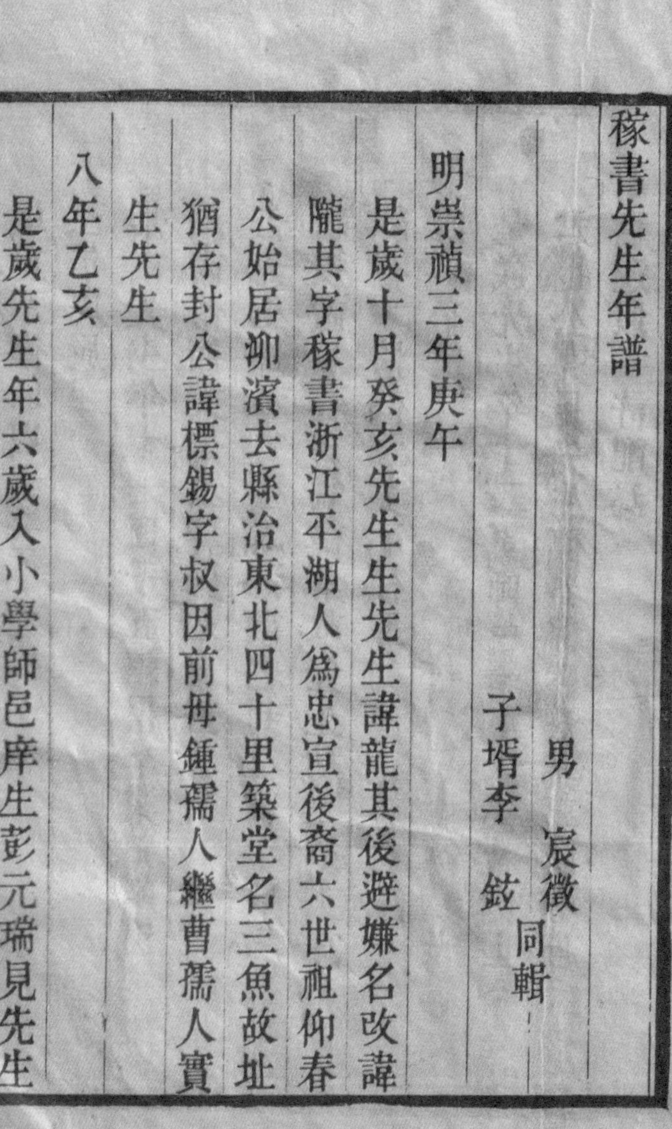

稼書先生年譜

男　宸徵　同輯

子壻李　鉉

明崇禎三年庚午

是歲十月癸亥先生生先生諱龍其後避嫌名改諱隴其字稼書浙江平湖人爲忠宣後裔六世祖仰春公始居泖濱去縣治東北四十里築堂名三魚故址猶存封公諱標錫字叔因前母鍾孺人繼曹孺人實生先生

八年乙亥

是歲先生年六歲入小學師邑庠生彭元瑞見先生

⊙稼書先生年譜內文首页

唐才子傳十卷附唐才子傳考異一卷

元辛文房撰　清陸芝榮考異

嘉慶十年陸氏三間草堂刻本

其書在中國久已失傳，陸芝榮據日本《佚存叢書》本重刻，並附刊陸氏依據《永樂大典》本所做文字考異一卷。書口下部鐫『三間草堂雕』。趙萬里先生《中國版刻圖録》著録清刻本頗少，乃列有此本，足見其版刻價值。此本雕鐫精整，堪稱清中期浙江刻本中的代表性產品。書中添有舊時學人墨筆批注，亦可供治學者參考。

版框高一七七毫米，寬一三四毫米。黑口。

所以不能復於古者則未有及也宗炎故畧論之以爲之序而勸陸君重加校勘付諸剞劂用廣其傳焉

嘉慶乙丑八月朔日蕭山王宗炎序

唐才子傳卷第一

西域　辛　文房　撰

魏帝著論稱文章經國之大業不朽之盛事年壽有時而盡未若文章之無窮詩文而音者也唐興尚文衣冠兼化無慮不可勝計擅美於詩當復千家歲月荏苒遷逝淪落亦且多矣況乃浮沈畏途黽勉身官存沒相半不亦難乎崇事奕葉苦思積年心神游穹厚之倪耳目及晏曠之際幸成著述更或凋零兵火相仍名逮於此談何容易哉夫詩所以動天地感鬼神厚人倫移風俗也發乎其情止乎禮義非苟尚辭

唐摭言 松學賈司倉為詩，此外無他能。附張[illegible]松贊曹為送羊聯吠 又按摭言謂松年五十，又有陳光問年六十五，合王劉柯鄭共六人，所謂五老者，蓋不記陳光問，文見以五為的數也。

林召對上會舉其臂鷹健卒橫韉帽騎馬佳人卷畫衫一聯雖淺近然自成一體名家今則信然矣遂厚禮遇贈給甚多融雪中寄詩云永日應無食終宵必有詩後奮科第多融之力也今詩一卷傳世

曹松

松字夢徵舒州人也學賈島爲詩深入幽境然無枯淡之癖尤長啟事不減山公早未達嘗避亂來棲洪都西山初在建州依李頻頻卒後往來一無所遇光化四年禮部侍郎杜德祥下與王希羽劉象柯崇鄭希顏同登第年皆七十餘矣號爲五老榜時値新平

唐才子傳攷異

剞劂將畢復得永樂大典本訂其異同頗多是正其有刻成未及追改及文義兩通者錄諸別紙附於後方庶有便於覽觀並足資夫攷證云爾芝榮識

卷一

序　荏苒原本作苒苒以意改誰得而誣也也疑他屬下讀雖多徵考實句有脫誤

王績　待詔江國公大典本無待詔二字後凡屬大典本異文不復標名　按唐書本傳稱侍中陳叔達此待詔乃侍中之誤

右辛文房唐才子傳十卷同邑陸君芝榮據日本佚
存叢書重雕復以　四庫館所輯永樂大典本校定
文字別爲攷異致精審矣梓成繼培讀之復得違失
者數事案唐書李尚隱傳稱尚隱遷廣州都督五府
經畧使及還人或裒金以贈尚隱曰吾自性分不可
易非畏人知也文房乃誤載其事於李商隱傳晁氏
讀書志云僞唐李有中嘗爲新塗令與水部郎中孟
賓于善賓于稱其詩如方干賈島之徒文房作李中
傳全襲之而云仕終水部郎中則誤以賓于官爲中
官矣其家數先後以科目爲斷而所記登科之年或

海虞畫苑略一卷 海虞畫苑略補遺一卷

清魚翼撰

道光間海虞顧湘刻《小石山房叢書》本

是書記述海虞元以來畫家事蹟，書作於乾隆十年。此乃道光年間雕版事竣之初印本，殊爲難得。緣《小石山房叢書》初成未久，洪、楊兵燹即波及海虞，書版嚴重損毀，至同治年間始修整重刷，廣泛印行，而其版片印工均遠不及此初印者精善。

版框高一七四毫米，寬一二四毫米。黑口。

⊙海虞畫苑略內文首頁

海虞畫苑略

樗叟魚翼輯

元

黃公望字子久號大痴又號一峯老人家於小山下後游西湖愛其山水遂結廬筲箕泉晚入富春山年八十六乃終公望天資孤朗博極羣書畫軼關仝爲有元四大家之冠嘗於月夜棹孤舟出西郭門循山而行山盡抵湖橋以長繩繫酒缾於船尾返舟行至齊女墓下牽繩取缾繩斷撫掌大笑聲振山谷人望之以爲神仙云

王珪字君璋博覽載籍好鼓琴善畫嘗以異材辟辭不赴得凝神養氣之術注道德經撰養生還原奧旨等集築

吴門耆舊記一卷

清顧承撰

道光間海虞顧湘刻《小石山房叢書》本

是書記清代蘇州文人學士及其學藝，卷尾自記云『僅就予所識者記之，罣漏之譏，寡聞之誚，俱不能免。後有作者，推而廣之，或可備志乘之擇也』。篇末有潘奕雋、王芑孫等題詞。此本乃道光年間雕版初竣時所刷印者，頗爲難得。蓋顧湘《小石山房叢書》甫一刊成即遭洪、楊之亂，書版遭受嚴重損毀，至同治年間始修整重刷，大量印行，而其版片印工均遠不及此初印者精善。

版框高一七一毫米，寬一二六毫米。黑口。

吳門耆舊記

長洲顧承醉經著

李繩字勉百號耘圃長洲人歸愚先生之弟子也以舉人爲雲南恩樂令罷官後日與里中故舊以詩文相討論其爲詩一以唐人爲宗別裁僞體蓋歸愚先生之派也所著有耘圃詩鈔行於世卒年七十餘最爲吳中耆宿云

張德榮字充之號伊蒿長洲縣學生也家貧力學內行篤摯訥訥然似不能言者平生好古書手鈔數百卷藏於家錢竹汀先生嘗亟稱之予感舊詩云講席鈔書不計貧愚愚眞是葛天民家風疏水尋常事畱得心香一點春予少時嘗問業焉

四史疑年録七卷

清阮劉文如撰

嘉慶二十三年原刻本

阮劉文如係著名學者阮元小妾，其夫時任兩廣總督。自序謂效錢大昕《疑年録》而『細讀各史書，用疑年之法，遍考各傳，算其年歲，其史無明文者，則以前後事蹟輾轉推測而得知之，或約計之，編爲《漢書疑年録》一卷、《後漢書疑年録》一卷、《三國志疑年録》三卷、《晉書疑年録》二卷』，《四史》合之凡七卷。卷首有乃夫阮元序，署名『雷塘居士』。此本初印，稀見難得。

版框高一七五毫米，寬一二一毫米。白口。

四史疑年錄

墨莊

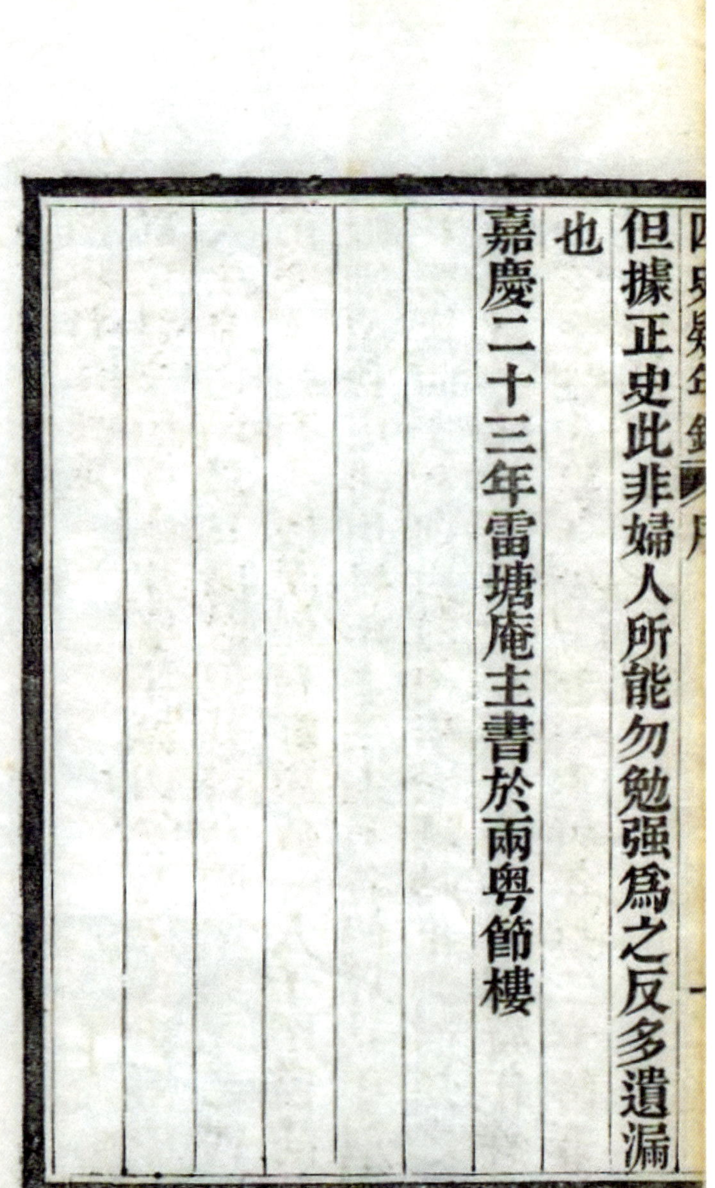

但據正史此非婦人所能勿勉强爲之反多遺漏也

嘉慶二十三年雷塘庵主書於兩粤節樓

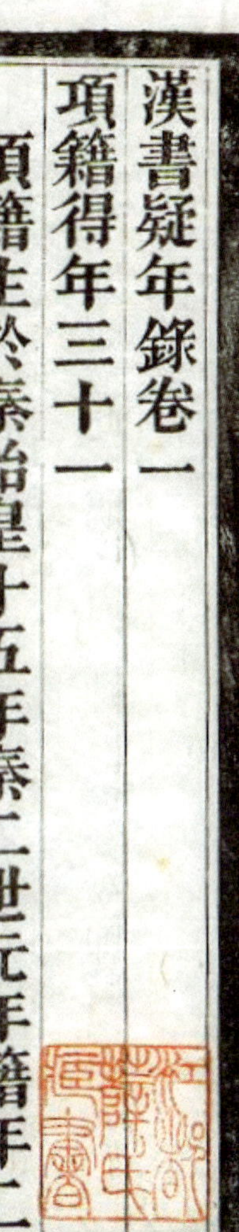

漢書疑年錄卷一

項籍得年三十一

項籍生於秦始皇十五年秦二世元年籍年二十四卒於高帝五年冬十月見籍本傳及漢高帝本紀

范增得年七十二

增說立楚懷王爲義帝在秦二世乙未年增年七十西楚三年丁酉增死是知增年七十二也溯增生於周赧王四十年年最老見項籍傳

漢書疑年錄　卷一　一

⊙ 四史疑年錄內文首頁

明大臣同姓名考一卷

明王世貞撰

道光間海虞顧湘刻《小石山房叢書》本

是書羅列同名同姓的明朝大臣，其最多者至五人相重。顧氏《小石山房叢書》初成未久，即遭遇洪、楊之亂，書版嚴重損毁，至同治年間修整重刷，版片印工均遠不及初印者精善。又緣此事變，《小石山房叢書》之道光初印本極爲罕見，余所獲此《明大臣同姓名考》，幸即其中之一。

版框高一七三毫米，寬一二四毫米。黑口。

明大臣同姓名考

太倉王世貞元美編

五張信一永樂隆平侯　一弘治彭城伯　一宣德兵部左侍郎又洪武有狀元侍讀及孝子尚寶卿

四張泰正德二人一以南右都爲戶部尚書　一爲總制右都御史俱贈太子少保成化二人　一至都督同知爲名將　一任翰林修撰爲名文人

三王眞一洪武都指揮使追封臨沂侯　一永樂金鄉侯追封寍國公復有都督同知爲遼東總兵

三吳良一洪武江陰侯　一正統都督同知　一成化都督同知

歷代都江堰功小傳二卷

清王人文、錢茂、樓藜然、秦枏撰

宣統三年成都刻本

是書纂錄歷代有功於都江堰水利工程的人士。書刻於宣統三年六月。其時清廷已風雨飄搖，行將覆滅，世人無意於此等往古舊事，故此書印本世間流傳無多，《販書偶記》等通行書目未予著錄。

版框高一八二毫米，寬一一七毫米。白口。

歷代都江堰功小傳二卷

宣統三年學中月刊于成都

歷代都江堰功小傳卷上

周

開明

開明。卽鼈靈。荊人。蜀王杜宇相也。自大禹岷山導江後。蜀水利始興。閱千餘年。又有開明。時方患水災。開明決玉壘山以弭之。山在今灌縣。湔水所出。厎定。後王遂委以政而禪位焉。旣而伐苴。苴侯奔巴。求救於秦。秦惠王方欲謀楚。司馬錯謂蜀有桀紂之亂。其國富饒。得蜀則得楚矣。王善之。九年秋。張儀司馬錯都

⊙歷代都江堰功小傳內文首頁

皖學編十三卷首三卷（殘）

清徐定文撰

宣統元年刻校樣本　存卷首上、中、下，卷一至九，計十二卷

此書初版於光緒年間，然雕版未竟，遇庚子之變被毁。定文子屢謙以草稿重加校定，於宣統元年刊行。此本似應爲宣統重刻之校樣本，在版刻形式上有兩點特别值得注意：一是『儀』字初寫字樣多闕末筆一撇，校對時特地補入，故疑其時或已進入民國；二是此試印樣本有小墨點句讀，正式印本一概削去無存，不知緣何特地如此處理。

版框高一八〇毫米，寬一二八毫米。白口。

文仲翁先生黨

先生名黨、字仲翁、廬江舒人（舒今廬州府廬江縣）少好學、通春秋、以郡縣吏察舉景帝末爲蜀郡守、仁愛好教化、見蜀地僻陋、有蠻夷風、欲誘進之、乃選郡縣小吏開敏有材者、張叔等十餘人、親自飭厲、遣詣京師、受業博士、或學律令、減省少府用度、買刀布蜀物、齎計吏、以遺博士、數歲、蜀生皆成就還歸、先生以爲右職、用次察舉、官有至郡守刺史者、又修起學官於成都市中、爲石室、祀孔子、以顏曾以下高弟配享、招下縣子弟、以爲學官子弟、爲除更繇、高者補郡縣吏、次爲孝弟力田、常選官學童子、使在便坐受事、每出行縣其謝遣生徒笑而不答有以書諫者答曰、放流竄殛久置度外諸生遠來、無可遣去之理朝廷必有行譴亦須符到奉行若仰人鼻息、爲舒慘、則方寸之間長戚戚矣、三年韓文考異集註成、乃修禮書、其書蓋以儀禮爲經、而取禮記與諸經傳言禮者類附之、名曰儀禮經傳通解、惟喪祭二禮以規模次第屬之門人黄榦、俾之類次成書、然後禮之本末經緯、粲然可考、四年、集書傳、授門人蔡沈、俾足成之其中辨正如文王受命、周公居東極有關係而二帝三王、治天下之源流本末於此可見冬、以明歲年及七十乞建寧府申奏致仕、嘗答友人書云、親舊凋零、如蔡季通呂子坐不能容更建嶽麓書院與諸生講論多訓以切己務實毋厭卑近而慕爲高遠懇惻至到聞者感動又因本路别無軍馬有飛虎軍遥隸襄陽乃請隸本州節制以壯聲威從之並立忠節廟又考正釋奠禮儀行于郡孝宗升遐朱子哀慟不能自勝又聞光宗以疾不能執喪中外憂懼遂申省乞歸田里未幾趙汝愚以太皇太后詔尊光宗爲太上皇而奉嘉王即位主喪遂薦朱子初黄裳善于講說開導王學頓進太上諭之曰嘉王進學皆卿之力裳謝曰若欲進德修業追蹤古先哲王則須尋天下第一等人乃可太上問爲誰裳以朱子對及彭龜年爲嘉王直講因講曾

汪氏學行記六卷

清汪喜孫撰　道光六年精刻本

此本寫刻精刊，惟無序跋及内封面、牌記等體現刻書時間的元件，全書頁碼亦皆作墨釘待梓，知爲雕版未竣時最初試印之本。《販書偶記》記此書有『道光六年精刊』者，當即據此本後印者著録。鈐『鐵佛公後裔家鼒之印』朱文方印，且殘存一題『閩生珍藏/裔孫家鼒謹裝』籤條。民國《杭州府志》載光緒末有富陽縣丞汪家鼒，或即其人。又鈐『傅沅叔藏書記』朱文長方印，兩册書衣復有傅增湘墨筆題寫的書名及上、下册次標記，知爲傅氏舊藏。

版框高一九三毫米，寬一二六毫米。白口。

汪氏學行記 上

徽州府志

汪鎬京歙西古唐人工詩善篆籀著有文字原二十五卷紫泥法一卷仁和王晫刻入檀几叢書著紅朮軒印範一卷紅朮軒山水篆册四卷桐城張文端公序刻之性磊落安貧樂道不求仕進遍歷名勝抱泉明之志以終新城王文簡公贈詩稱其人

氏學行記

閩生珎藏

裔孫家鼒謹裝

汪氏學行記 卷一

容甫先生遺書序

劉逢祿

嘉慶初余讀儀徵阮侍郎敘録書内有述學一編汪容甫先生所撰述也其學綜周秦兩漢而深通其條貫其文蒹漢魏六朝下止中唐而不苟為炳炳麟麟淵淵乎文有其質儒家之雋才也先生嘗紬校文宗文瀾二閣全書繩愆糾繆不下數百萬言又嘗標舉國初以來大儒七人通人十九以詔後學其自命葢司馬遷劉向揚雄之儔予獲交其子喜孫于維揚得盡讀先生遺書惜其文繁皆博未成卷帙葢先生説經之書多在惠定宇戴東原段懋堂邵二雲諸先生著述未行之前而默與之合者多手削之余為春秋之學往往有如此者知後人立説之難也史館諸前輩欲采輯名儒著述續修本朝藝文志又攷其人學行純粹無疵者分入儒林文苑二傳以時進

孔氏宗譜不分卷

清孔憲璜撰

道光二十七年刻本

書以衍聖公一系爲大宗，故先作《孔氏大宗譜》；復以五服内支系著爲諸堂支譜。此本闕佚内封面，卷端亦未鐫書名。此『孔氏宗譜』乃敝人擬加。作者孔憲璜屬敦本堂一支，清中期著名學者孔廣森即其叔祖。曲阜孔家在中國古代有特殊地位，該書固非尋常人家譜牒可比。此本係初印佳本，墨色鮮明。蓋似此譜牒類書籍當日俱刷印無多，自屬罕見難求之物。

版框高一六〇毫米，寬一三〇毫米。黑口。

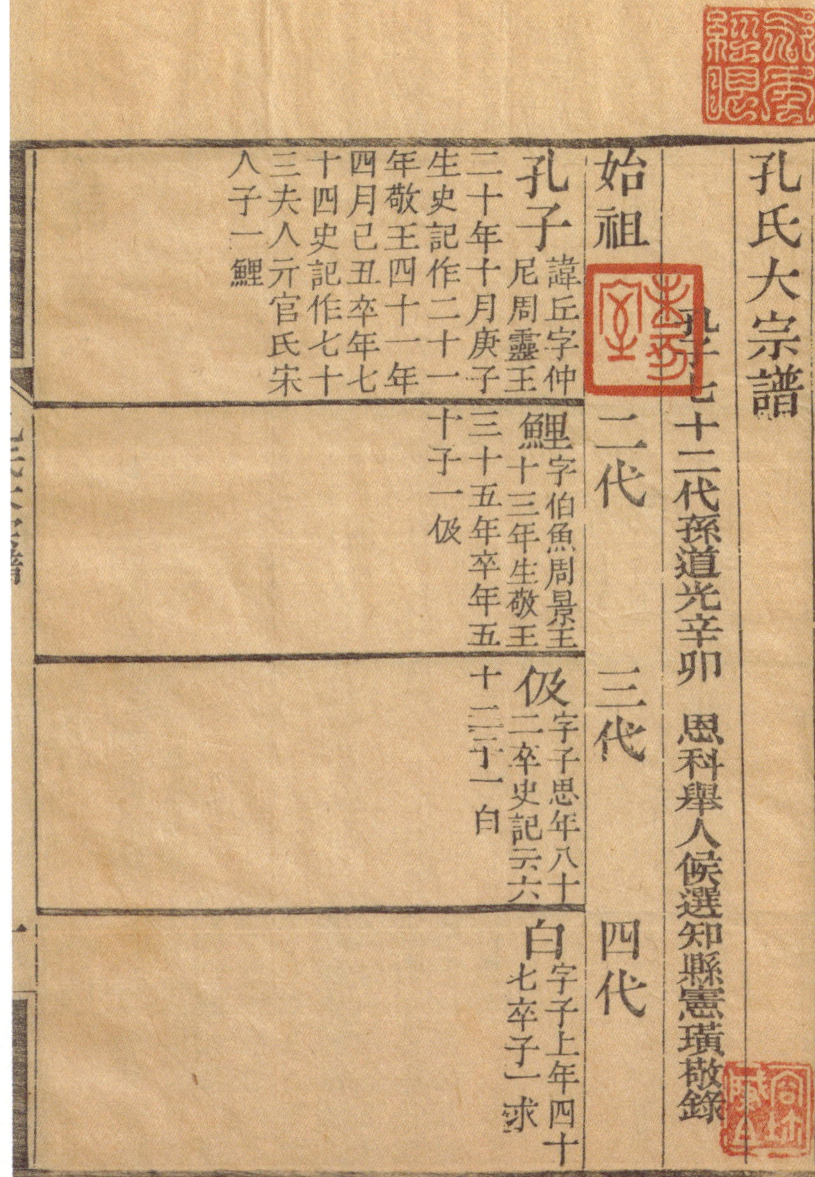

孔氏大宗譜

至聖七十二代孫道光辛卯　恩科舉人候選知縣憲璜敬錄

始祖

孔子 諱丘字仲尼周靈王二十年十月庚子生史記作二十一年敬王四十一年四月己丑卒年七十四史記作七十三夫人亓官氏宋人子一鯉

二代

鯉 字伯魚周景王十三年生敬王三十五年卒年五十子一伋

三代

伋 字子思年八十二卒史記云六十二子一白

四代

白 字子上年四十七卒子一求

尋花日記一卷

清歸莊撰

道光間海虞顧湘刻《小石山房叢書》本

内分『看牡丹記』『尋菊記』，記作者看花尋花經歷。歸莊爲歸有光孫、顧炎武摯友，終生不仕於清。卷末有佚名『舊跋』，謂歸莊『《看牡丹》詩云「亂離時逐繁華事，貧賤人看富貴花」，此二語可括紀遊十數紙矣』。此本係道光年間初印，殊爲難得。蓋《小石山房叢書》初成未久，即遭洪、楊之亂，書版嚴重損毁，至同治年間修整重刷，版片印工均遠不及初印者精善。

版框高一七四毫米，寬一二四毫米。黑口。

尋花日記

崑山歸莊元恭著

看牡丹記

余素愛花庚子歲欲刻期逐羣芳之勝會病阻辛丑二月體健與豪遂先遊园墓觀梅花留滯旬餘又醉虎邱玉蘭之下累日歸崑山則東西兩寺新緑可愛時時婆娑其下數候牡丹之信牡丹中州西川爲盛江南不能及吾郡尤少名種顧遠者不能至近地不可失也乃以四月辛巳旁死魄先觀於本邑人士家中始杜山人次馬進士醉于花前旋過鄭進士葉刑部葉秀才是日觀五家之花刑部園中爲勝有二種約計三四叢花八九十朶壬午哉生明飲

元史纂十卷

清田舜年撰　康熙年間田氏白鹿堂刻本

作者田舜年是康熙年間湘西土家人著名酋領。此本書口上方鐫『廿一史纂』字樣，知此乃『廿一史纂』之一。書末附鐫『記此閱史之功，始於癸甲之交，完於壬申，十年乃成』，即《廿一史纂》起迄時間。田氏實僅刪削評議。諸卷卷末俱鐫記本卷纂錄時間、地點等事，如一簡略日記。書中鈐有『不墨不筆積書成癖子孫讀之好修勿替　龔定庵』朱文長方印，或屬龔自珍舊藏。書版頗存墨釘待梓。印本甚罕見。

版框高一九三毫米，寬一三五毫米。白口。

⊙ 元史纂內封面

白鹿堂

元史纂

本衙藏板

元史卷之一

壬申二月二十二開起

翰林學士亞中大夫知制誥兼修國史臣宋濂　翰林待制承直郎[illegible]

國史院編修官臣王褘等奉　勅修

楚西容美田舜年九峯甫纂

男旻如應期

現如應瑞　用全錄

曜如應辰

暘如昌期

琰如

太祖本紀

太祖法天啓運聖武皇帝諱鐵木真姓奇渥溫氏蒙古部人其十世祖孛端叉兒母曰阿蘭果火嫁脫奔咩哩犍生二子長曰博寒葛荅黑次曰博合覩撒里直既而夫亡阿蘭寡居夜寢帳中夢白光自天窗中入化為金色神人來趨臥榻阿蘭驚覺遂有娠產一子即孛端叉兒也孛端叉兒狀貌奇異沉默寡言家人謂之癡獨阿蘭語人曰此兒非癡後世子孫必有

失出之罪與逆子等

由此觀之宋之屈辱致亡乃自取之也

觀此僧者不可多得

殺馬忠忠子榮愛與銀令與代其軍役中書省以榮納賂忘讎無人子之道杖之沒其銀事聞詔諭如法有司失出之罪俾中書省議之

四年春正月乙酉禁蒙古軍馬擾民宋賈似道遣楊琳齎空名告身及蠟書金幣誘太獲山楊大淵南歸大淵部將執琳詔誅之車駕幸開平以王德素充國信使劉公諒副之使于宋致書宋主詰其稽留郝經之故初立樞密院以皇子燕王守中書令兼判樞密院事戊子升開平府為上都

至元元年敕諸路宣慰司非奉旨無輒入覲詔高麗國王王植來朝上都修世見之禮邛部川六番安撫招討使都王明亞為歸國建都所殺敕其子伯佗襲職賜金符定用御寶制凡宣命一品二品用玉三品至五品用金其文曰皇帝行寶者即位時所鑄惟用之詔誥別鑄宣命金寶行之命僧子聰同議樞密院事詔子聰復其姓劉氏易名秉忠拜太保參領中書省事大赦天下改中統五年為至元元年

二年春正月辛未朔日有食之安南國王陳光昞遣使奉表來貢甲子詔賜光昞至元三年曆

元史卷之三

翰林學士亞中大夫知制誥兼修國史臣宋濂　翰林待制承直郎

國史院編修官臣王禕等奉　勅修

楚西容美田舜年九峯甫纂

男旻如應期

琨如應瑞　甫仝編

曜如應辰

蜴如昌期

光如曦

天文

司天之說尚矣易曰天垂象見吉凶聖人象之又曰觀乎天文以察時變自古有國家者未有不致謹于斯者也是故堯命羲和曆象日月星辰舜在璿璣玉衡以齊七政天文於是有測驗之器焉然古之為其法者三家曰周髀曰宣夜曰渾天周髀宣夜先絕而渾天之學至秦亦無傳漢洛下閎始得其術作渾儀以測天厥後歷世遞相沿襲其有得有失則由乎其

廿一史纂　天文志　元史卷之三　一

者上言生長福建熟知海道利病以爲若欲收附且就彭湖發船往諭相
水勢地利然後興兵未晚也
三嶼國近瑠求世祖至元三十年命選人招誘之平章政事伯顏等言臣
等與識者議此國之民不及二百戶時有至泉州爲商賈者去年入瑠求
軍船過其國國人餉以糧食館我將校無它志也乞不遣使帝從之
海外諸蕃國惟馬八兒與俱藍足以綱領諸國而俱藍又爲馬八兒後障
自泉州至其國約十萬里其國王阿不合大王城水路得便風約十五日
可到比餘國最大世祖至元間行中書省左丞唆都等奉璽書十通招諭
諸蕃未幾占城馬八兒國俱奉表稱藩餘俱藍諸國未下行省議遣使十
五人往諭之帝曰非唆都等所可專也若無朕命不得擅遣使十六年十
二月遣廣東招討司達魯花赤楊庭璧招俱藍十七年三月至其國國主
必納的令其弟肯那却不剌木省書回回字降表附庭璧以進

言此閱史之功始于癸卯之交完于
壬申十年乃成但子輕爽快哉快哉

元史卷之十終

史筌五卷首一卷

清楊銘柱撰　道光二十六年夏楊氏都門寄雲書屋原刻本

作者爲滇南人，自序言此書係官京師期間以家鄉幼學但習括帖而尠知史事，故編著此書，以饗鄉塾中之貧無力者，實則對各地初學者習史俱有助益。目録載卷首一卷内含《帝王世系統圖》，此本無之，疑但列其目而實際未嘗刊入此圖。此書内容固淺陋不足道，惟亦因此而不爲學者所重，以致今已不易覓得，似此原刻初印且書品整潔者更爲罕見。現已成爲瞭解古代歷史教育狀況的重要資料。

版框高一六六毫米，寬一二五毫米。白口。

公元一八四六
憲宗十二年也

道光丙午夏鐫

史筌

寄雲書屋藏板

是編爲鄉之幼學而輯也余家萬山之中地僻而荒上下數十里間尠藏書家士之貧無力至不能購書者又十居八九於是學者童而習之一經卒業遽攻帖括其於史氏之書詢以篇目且有缺焉未聞者況能問其中之所得乎余不敏少既寡所聞見官京師久始稍稍得全史讀之然亦遲矣涉獵所經每思有以餉吾鄉塾中之貧無力者既編次帝王世統始皇古迄故明某正某閏某禪某篡某偏安某竊據撮其凡矣而政事之失得臣宰之賢姦則取紫綸杜氏讀

史鑑標目

史記一百三十卷　漢司馬遷撰。始黃帝。至漢武獲麟之年。成十二紀以敘帝王。十年表以貫歲月。八書以紀政事。三十世家以敘公侯。七十列傳以志士庶。今攷全書凡闕者十篇。褚少孫補之。遷字子長。龍門人。繼其父談爲太史。因成此書。

漢書一百卷　後漢班固撰。書凡十二帝紀。八表。十志。七十列傳。表及天文志。其女弟昭續成之。固字孟堅。茂陵人。彪子。昭字惠姬。適曹世叔。早寡。有節行。著女誡七篇。世號曹大家云。

釣磯立談一卷

宋佚名撰

康熙四十五年曹寅揚州使院刻《楝亭十二種》本

作者爲南唐舊臣史虛白之子。此本卷端誤題作者姓名爲『史虛白』，《四庫提要》已辨其誤。書中雜述南唐軼事一百二十則，並附以論斷，頗具史料價值。卷末鐫『楝亭藏本丙戌九月重刻於揚州使院』牌記。清人吳任臣著《十國春秋》、彭元瑞著《五代史記注》、周在浚著《南唐書注》多取材於此。此本乃其書最早傳世刻本，且刊刻精雅，故雖叢書零本，亦珍重儲之。

版框高一六六毫米，寬一一四毫米。白口。

釣磯立談

史虛白

吳王稱號淮海時廣陵殷盛士庶駢闐忽一夕有黃冠道人狀如病狂手持一竿上挂一木刻爲鯉魚形自云鍾離人也行歌於市曰盟津鯉魚肉爲角濠梁鯉魚金刻鱗盟津鯉魚死欲盡濠梁鯉魚如爲人又云横排三十六條鱗箇箇圓如紫磨金爲甚竿頭挑着走世間難遇識魚人其他如此意者凡數十篇時人莫能曉歲餘忽不知所之其後武義年中江南謡言又有東海鯉魚飛上天之語及烈祖受命復姓李氏立唐社稷其言方驗

利去害人望日隆沈彬先事獻山水畫障詩云須知手筆安排定不患山河整頓難及將受禪頭陀范志嵩賦月詩云徐徐東海出漸漸到亭衢此夜一輪滿清光何處無槩以是言之人之與能也有自來矣是以吳社遷換而國中夷然無易姓之戚蓋盛德之所移故也

叟曰峻極之山神明憑依蘙薈之丘雲氣出焉凡水之有旋流波者必生脩鱗帝王之量其亦有以異人者矣嘗試觀孝宗高皇帝其總收權綱延接羣哲當國匪解敦守純朴雖漢之高光不是過也徒以其崎嶇偏佐之國地勢不便加以天之付畀自有限量只是遠圖之所就僅足以稱霸而已惜夫

甲處也取彼良材而甲處之能無悲乎是故騏驥不遺能於良樂良寶不藏耀於郢蓋其耀光夜射則價高秦趙飛駟滅豈論燕越物尚有之士亦宜然叟聞桂林生於五嶺杞梓出於南荊夫以卉木力志況千里之朝懷其良彥而莫登於龍津者乎故叟一陳之有以知唐室之不競

釣磯立談終

楝亭藏本丙戌九月重刻于揚州使院

增訂廣輿記二十四卷首廣輿圖一卷

明陸應陽原著　清蔡方炳增訂

康熙五十六年聚錦堂刻本

明代後期以來，世人出行日多，亟需瞭解各地地理知識，而一統志篇帙巨大，查閱不便，陸應陽所著《廣輿記》則相對簡省適用。入清，其中觸犯新朝忌諱者自然需要處理，也需要增改一些過時的内容，蔡方炳之書，即應時而生，且廣泛流行。惟此書在乾隆年間仍入禁燬書目。

版框高一六四毫米，寬一四九毫米。白口。

康熙丁酉新鐫

蔡九霞先生彙輯

增訂廣輿記

聚錦堂梓行

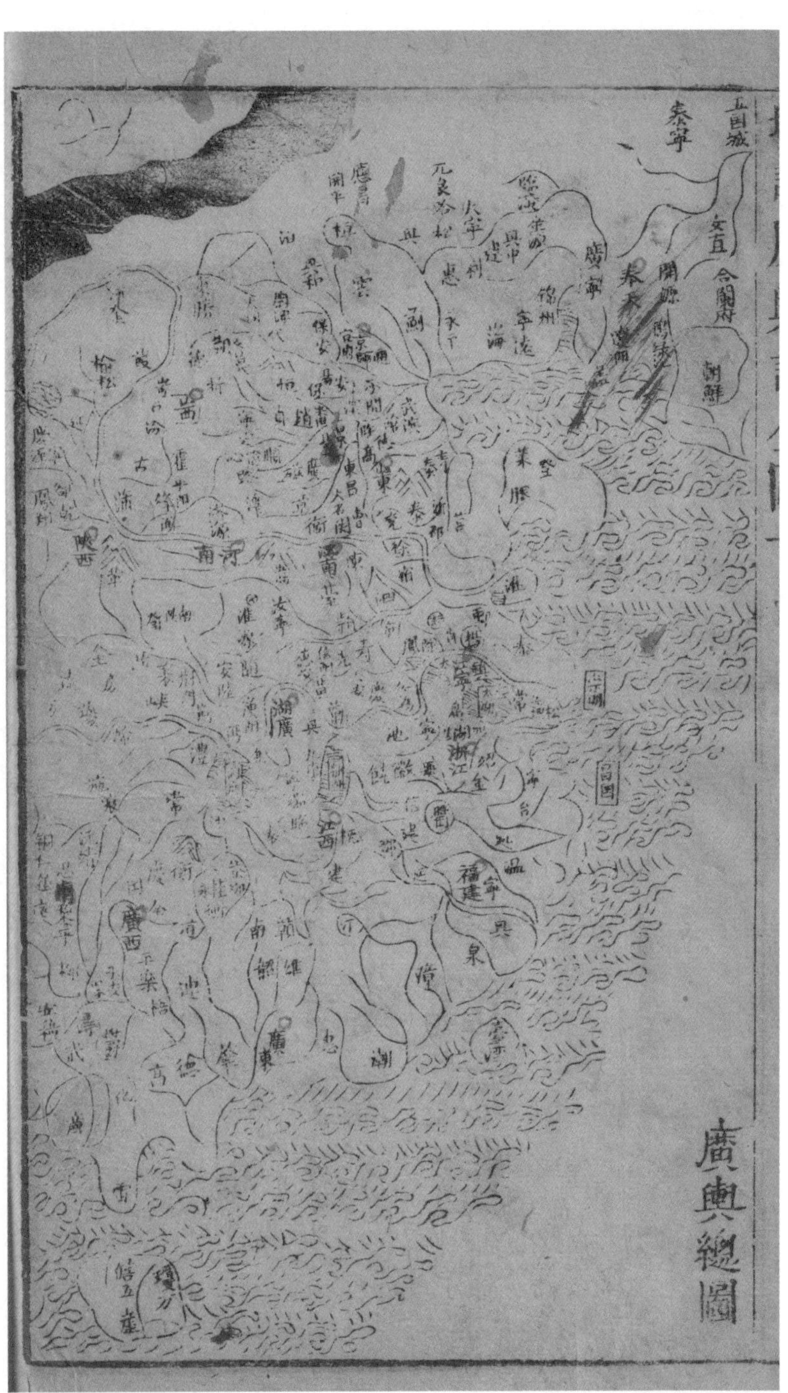
廣輿總圖
朝鮮
福建
廣西
廣東
江西
湖廣
陝西
河南
浙江

東界盛京寧遠州、南界河南蘭陽縣開封府、西界山西廣靈縣大同府、北界邊城、東南界海岸及山東武定府、西南界河南彰德府、西北界山西天鎮縣大同、東北界邊城、

廣輿記卷之一

雲間陸應陽伯生原纂
平江蔡方炳九霞增輯

直隸

京畿總畧 按直隸爲王畿之地左環滄海右擁太行南襟河濟北枕燕然所謂勢拔地以崢嶸氣摩空而崱屴者也順天爲金元明建都地國朝仍定鼎於此地理家謂從崑崙發源其地爲北幹之正結或云鴨綠江外尚有大幹爲護其地爲崑崙之中脈要其綿亘萬餘里始入中國

皇朝輿地略不分卷

清六承如撰　道光二十一年刻本

作者六承如係李兆洛弟子，利用清《内府輿圖》改編爲清朝各分省輿圖，又利用《大清會典》圖説，改寫成各省圖説，即所謂『輿地略』者。輿圖的繪製，出自承如從子德知。書中另有《皇朝輿地韻編》部分，應是出自乃師李兆洛所著而承如等弟子嘗參與其事的同名書籍。書爲巾箱小冊，頗便攜帶查閲，在晚清世人地理知識構成中佔有重要地位。篇末有道光二十一年九月六承如跋，並鐫記『金陵邵樹榮刊』字樣。

版框高一二四毫米，寬一〇二毫米。白口。

皇朝內府輿地圖縮摹本

道光甲午秋日江陰六嚴德只繪圖

⊙ 皇朝輿地略直隸輿圖

皇朝輿地畧

國家德威暢浹文軌大同幅員之盛亘古未有　京師居天下之中其南曰直隸是爲畿輔其東曰　盛京　盛京之北曰吉林又北曰黑龍江是爲東三省畿輔之南其省三曰山東曰山西曰河南山東省之南爲兩江其省三曰江南之江蘇曰江南之安徽曰江西兩江之東南爲閩浙其省二曰福建曰浙江河南省之西南爲湖廣其省二曰湖北曰湖南山西省之西爲陝甘其省二曰陝西曰甘肅陝西之南其省一曰四川江西與湖南省之南爲兩廣其省二曰廣東曰廣西四川省之南爲雲貴其省二曰雲南曰貴州甘肅省之西爲青海四川省之西爲西藏長城之外　盛京與直隸山西陝西省之北爲內蒙古六盟四十九旗及察哈爾八旗游牧逾瀚海而北爲外蒙古喀爾喀四部八十六旗游牧其西爲科布多其北爲唐努烏梁海甘肅

歷代輿地沿革險要圖一卷

清楊守敬、饒敦秩撰

光緒五年饒氏刻本

楊守敬治輿地沿革，爲有清一代一大絕學，其代表性著述爲《水經注疏》《水經注圖》和《歷代輿地圖》。此《歷代輿地沿革險要圖》即《歷代輿地圖》之嚆矢，以朱墨套印形式簡要表述由夏至明歷代輿地沿革，在沿革地理發展史上頗具標誌性意義。

版框高二八三毫米，寬二〇〇毫米。白版心。

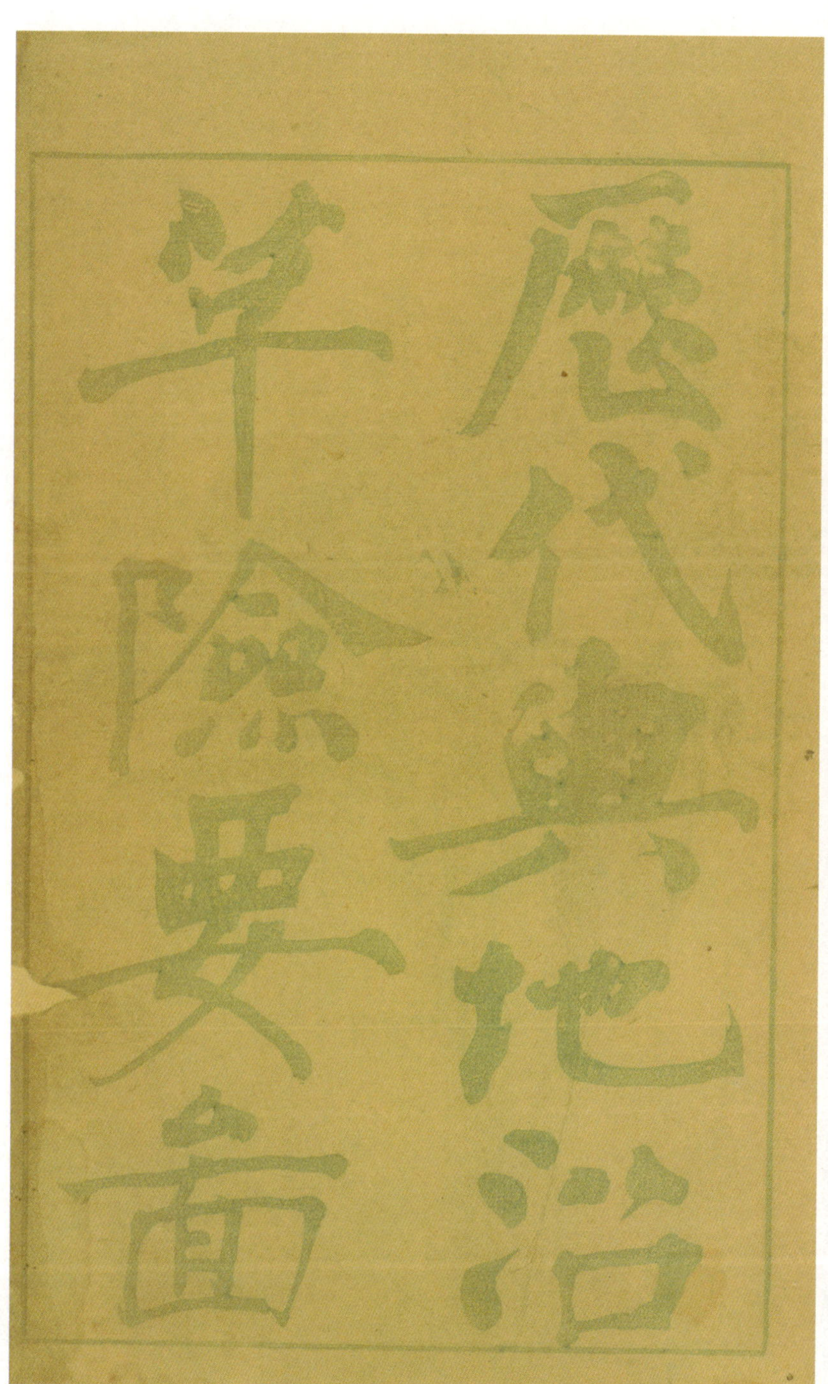
歷代輿地沿
革險要圖

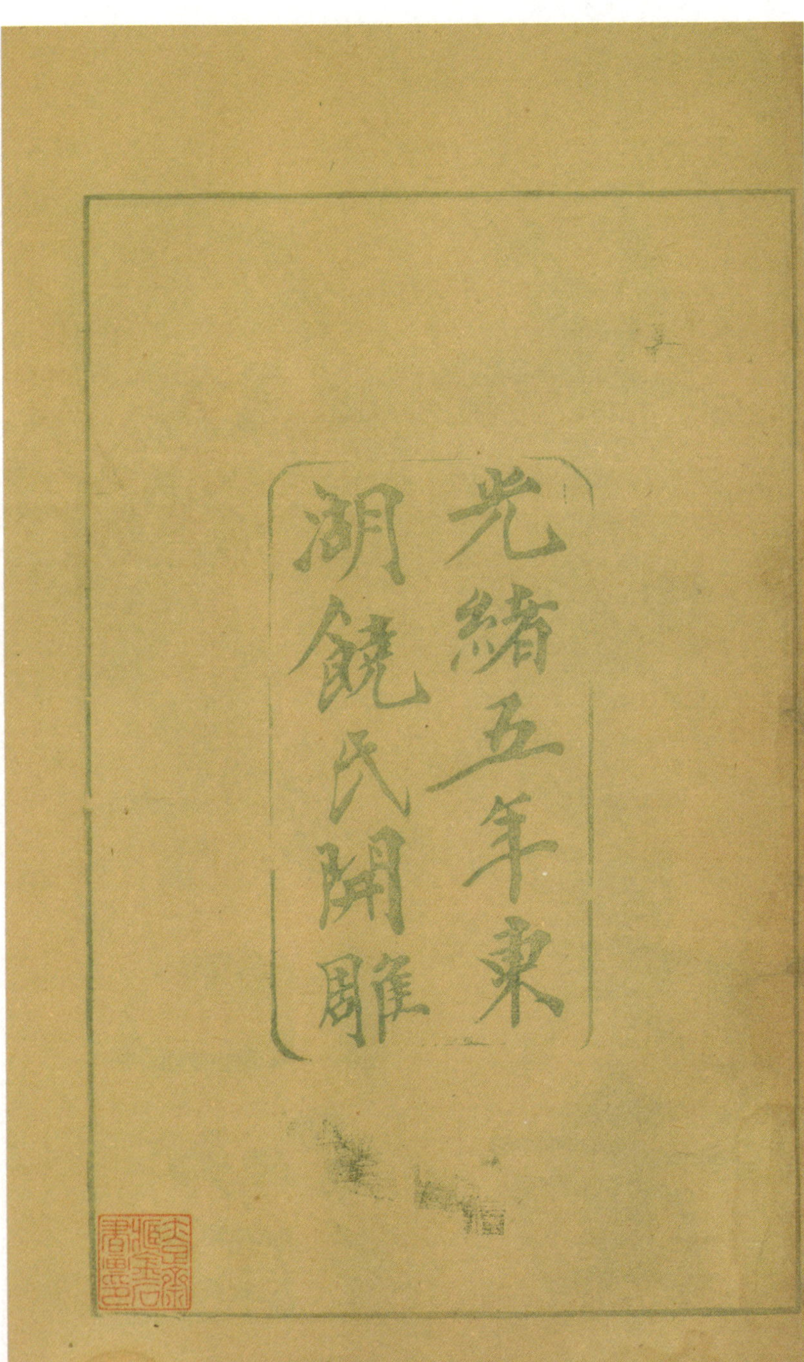

光緒五年東
湖饒氏開雕

歷代輿地沿革險要圖序

方今天下一統（求自試表）中外禔福（難蜀父老）觧人才子（謝靈運傳論）潤色鴻業（兩都賦序）但有浮華之辭（典引）若此二子（求自試表）躬覽載籍（左傳序）圖畫古昔形勝之地（景福殿賦）稽合乎同異（西都賦）並著於篇（皇后紀論）信天下之壯觀也（東京賦）余既思摹二京而賦三都（三都賦序）摛藻下筆（答魏太子牋）則稽之地圖（三都賦序）亦有可觀者焉（琴賦）大盛衰隆替（五等諸侯論）古今常有（爲曹洪與魏文書）金湯失險（史述贊）而社稷夷矣（辨亡論上）故曰（豪士賦序）王侯設險以守其國（辨亡論下）上覽古在昔（劇秦美新）豈不然哉（四子講德論）昔者洪水沸出（難蜀父老）夏后疏鑿（江賦）四隩入貢（赭白馬賦）九土攸分（蜀都賦）卓哉煌煌（劇秦美新）眞神明之式也（典引）成湯革夏（置守冢人表）是開金運（昭王碑文）僅及數世（五等諸侯論）遷邑易京（東京賦）然記籍所載（養生論）其詳不可得聞矣（封禪文）周變商俗（石闕銘）定都豐鎬（漢功臣頌）周公藉已成之勢（勸晉王牋）思九州之博大兮（離騷經）體國經制

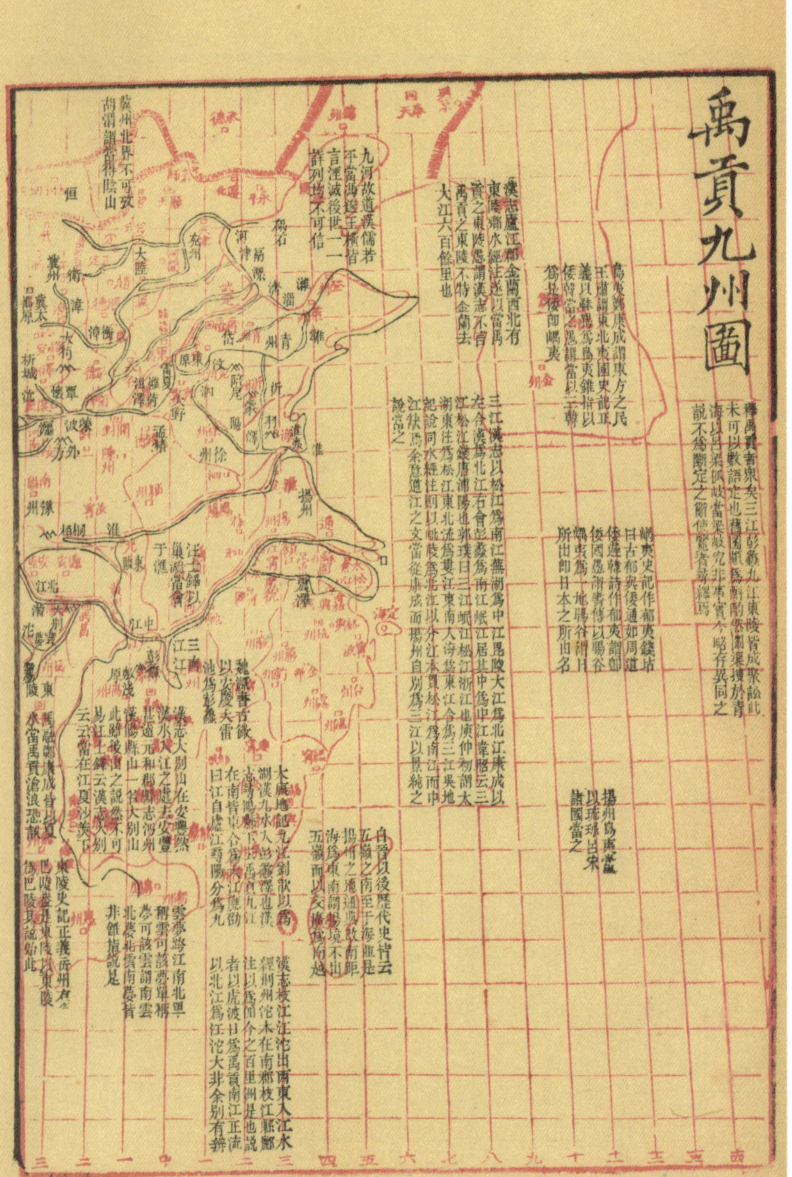
禹貢九州圖
九河故道漢儒者平當馮逡王橫皆言湮滅後世一一詳列均不可信
冀州北界不可攷胡渭謂當抵陰山
漢志廬江郡金蘭西北有東陵鄉水經注遂以當禹貢之東陵愚謂漢志不言禹貢之東陵不特金蘭去大江六百餘里也
兗州
青州
徐州
揚州
冀州
大陸
恒

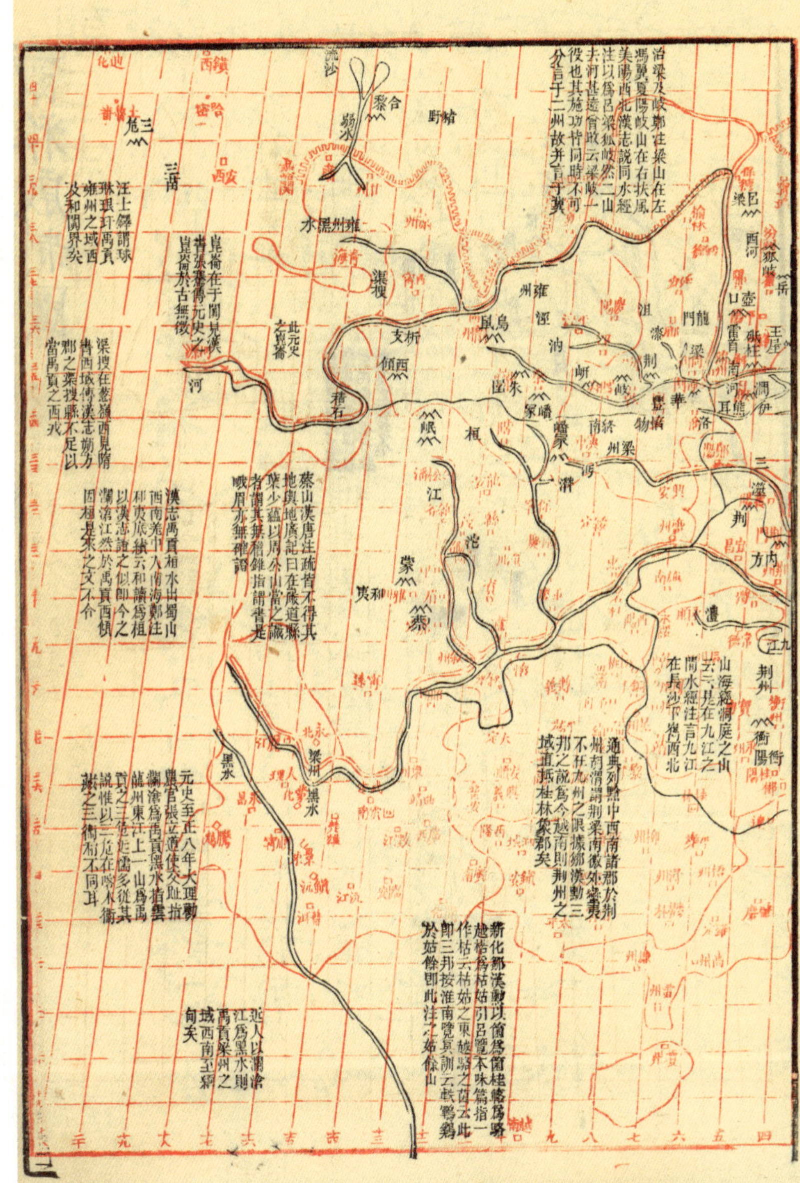
沿梁及岐鄭注梁山在左馮翊夏陽岐山在右扶風美陽西北漢志說同水經注以爲呂梁狐岐然二山去河甚遠曾毋云梁岐一役也其施功皆同時不可分言于二州故并言于冀
汪士鐸謂球琳琅玕禹貢雍州之域西及和闐界矣
崑崙在于闐見漢書張騫傳元史之崑崙於古無徵
此元史之崑崙
渠搜在葱嶺西見隋書西域傳漢志朔方郡之渠搜縣不足以當禹貢之西戎
漢志禹貢桓水出蜀山西南羌中入南海鄭注和夷底績云和讀爲桓以漢志證之似即今之瀾滄江然於禹貢西傾因桓是來之文不合
蔡山漢唐注疏皆不得其地輿地廣記曰在嚴道縣葉少蘊以周公山當之識者謂其無稽錐指謂是峨眉亦無確證
通典列黔中西南諸郡於荆州胡渭謂荆梁南徼外當爲三不在九州之限據鄒漢勳三邦之說爲今越南則荊州之域直抵桂林象郡矣
山海經洞庭之山云云是在九江之間水經注言九江在長沙下雋西北
新化鄒漢勳以箘爲箘桂輅爲輅越桔爲桔姑引呂覽本味篇指一作枯云枯姑之東越駱之菌去此即三邦按淮南覽冥訓云軼鶤雞於姑餘即此注之姑餘山
元史至正八年大理勸農官張立道使交趾指瀾滄爲禹貢黑水指雲龍州東江上一山爲禹貢之三危近儒多從其說惟以三危在喀木衛藏之三衛有不同耳
近人以瀾滄江爲黑水則禹貢梁州之域西南至緬甸矣
流沙
合黎
弱水
豬野
雍州
黑水
積石
河
渠搜
析支
西傾
鳥鼠
涇
汭
岐
荊
華
熊耳
伊
洛
豫州
梁州
嶓冢
岷
江
沱
蒙
蔡
和夷
黑水
梁州
荊州
衡陽
三危
三危
澧
九江
內方
壺口
雷首
龍門
西河
岳

校正朝邑志 一卷

明韓邦靖撰　清王元啟校訂　道光間海虞顧湘刻《小石山房叢書》本

此書以簡而有法著稱。《四庫提要》稱『古今志乘之簡，無有過於是書者』；又云『自明以來，關中輿記惟康海《武功縣志》與此志最爲有名。論者謂《武功志》體例謹嚴，源出《漢書》；此志筆墨疎宕，源出《史記》』。惟清人王元啟仍覺未能盡善盡美，故爲之刪繁補闕，糾謬駁舛，成此『校正』之志。此本初刊於乾隆四十年，《小石山房叢書》本乃據之覆刻。

版框高一七三毫米，寬一一三毫米。黑口。

校正朝邑志

前序

余讀郡邑志蓋極天下之撰矣然益繁而不能詳晦而不能白亂而不能理焉此安在於志耶夫志者記也記其風土文獻之事與官乎是郡邑者可以備極其改革省見其疾苦景行其已行察識其政治使天下爲士夫夫者讀之足以興爲郡邑者讀之足以勸而已(然)（然字贅）非以誇靈勝之迹崇奬飾之納也而撰者之志每不皆若此焉且何以觀也朝邑令陵川王君莅縣之明年以五泉韓子汝慶所撰朝邑志刻成謂予宜序諸首予讀五泉子之志異而歎焉曰嗟乎此吾五泉子之所以爲志也與（子讀下祇須增之凡二字自五泉下）

巴縣志十七卷（殘）存卷七、卷八，計兩卷

清王爾鑑修　王世沿等纂

乾隆二十六年刻本　民國時人向楚批注

此本有民國時人大量批抹添注，且以浮簽添補內容，多鈐『向楚之印』白文方印。蓋此本係民國時期向楚等纂《巴縣志》時所用工作底本。巴縣以著名的『巴縣檔案』而聞名於史學界，此本對認識巴縣相關歷史問題，具有重要史料價值和文物價值。

版框高二〇三毫米，寬一四七毫米。白口。

巴縣志卷之八 名宦

邑令王爾鑑熊峰纂修

邑人周開豐梅厓校閱

名宦志

治續 按

漢

陳立 漢書西南夷傳補傳 常志蜀志史讚士女目錄

譙玄 後書獨行傳 作桂如郡

後漢

杜安字伯夷潁川定陵人少有志節年十三入太學京師貴戚慕其名或遺之書安不發壁藏之及後捕貴戚賓客出書封印如故朝論引重仕

後書樂恢傳注引華嶠書 又杜根傳 又三國志杜襲傳注

士之秀異者讀書其中躬親講課歲大比與賢

書者居半人文之盛甲於一

黃鳳翔霄號作霖雲南昆明人與其兄鳳翔少相師友登嘉靖丙戌進士仕刑部郎中尚

鳳翔知重慶府鯁直為當事所忌拂衣歸 據雲南通志增

列入程學博前

桂屢讞疑獄以居蜀訊者決獄不留時案無留牘

知重慶府井

作廉治前

余程字夢徵雲南昆明人嘉靖丁酉舉人知灌縣值採木之役報成而民不擾蜀民頌之升重慶府

知清戎理鹺有能聲 據雲南通志增 按王志文官題名應桂作應桂

此人列程學博前張嘉孚前

張嘉孚字以貞甘肅安定人嘉靖二十六年進士擢河南府同知一府上下莫不敬憚丁憂歸

服闋改除重慶攝篆治理人亦嚴憚之 據甘肅通志增

列入程學博前

余應桂

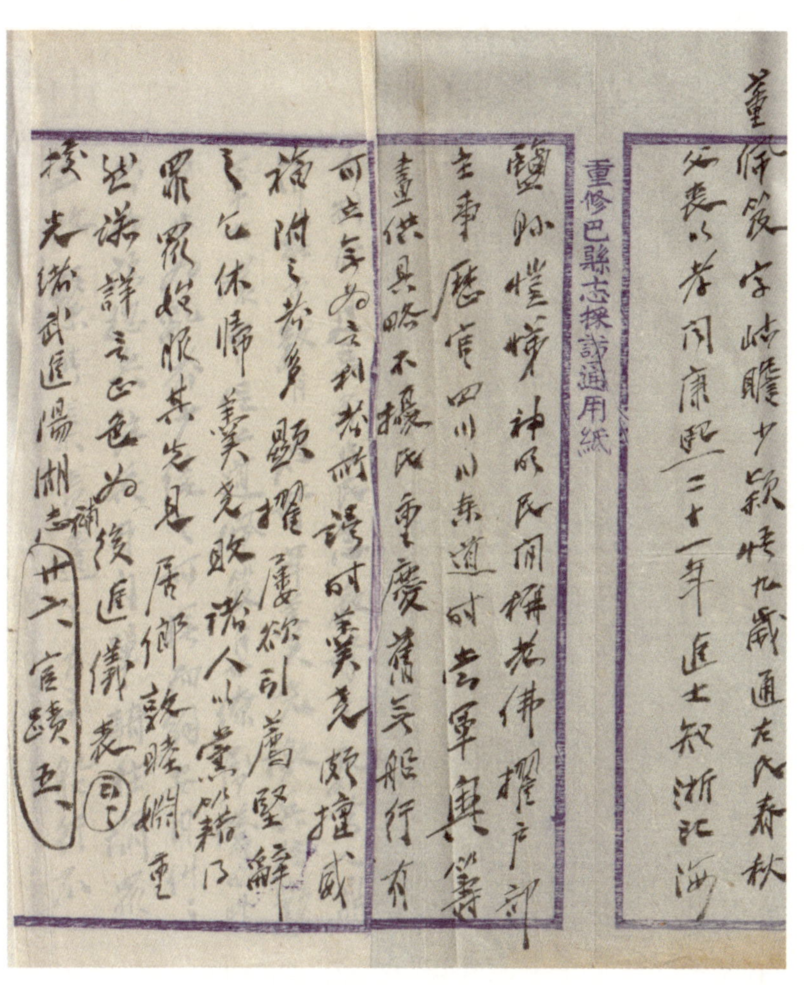

董任宸字峙瞻少穎悟九歲通左氏春秋
父喪以孝聞康熙二十一年進士知浙江海

重修巴縣志採訪通用紙

鹽縣憫惜神明民間稱為佛擢户部
主事歷官四川川東道時吳軍興餉
畫供具略不擾民重慶舊有船行有
可立年為之刊於所謂時策莫免嬈擾威
福附之者多顯擢屢欲引薦堅辭
之乞休歸策莫克敗諸人以黨附藉乃
罪衆服其先見居鄉敦睦姻重
然諾詳之正色為後進儀表（四十）
據光緒武進陽湖志補（卅六 宦蹟五）

山東州縣歌略并圖一卷

清潘清蔭撰

光緒二十八年刻本

此書乃爲便於童蒙記誦，以簡單歌訣形式表述山東省各州縣基本地理狀況，並附以簡略地圖。刊刻雖晚，卻甚罕見。

版框高一七〇毫米，寬一一九毫米。白口。

山東全省總歌

山東三道各分巡。西北濟南府東昌府泰安府武定府臨清州。西南兗州府沂州府曹州府濟甯州屬。東境登州府萊州府與膠州青州府。共轄府十直州三。八州九十六縣城。

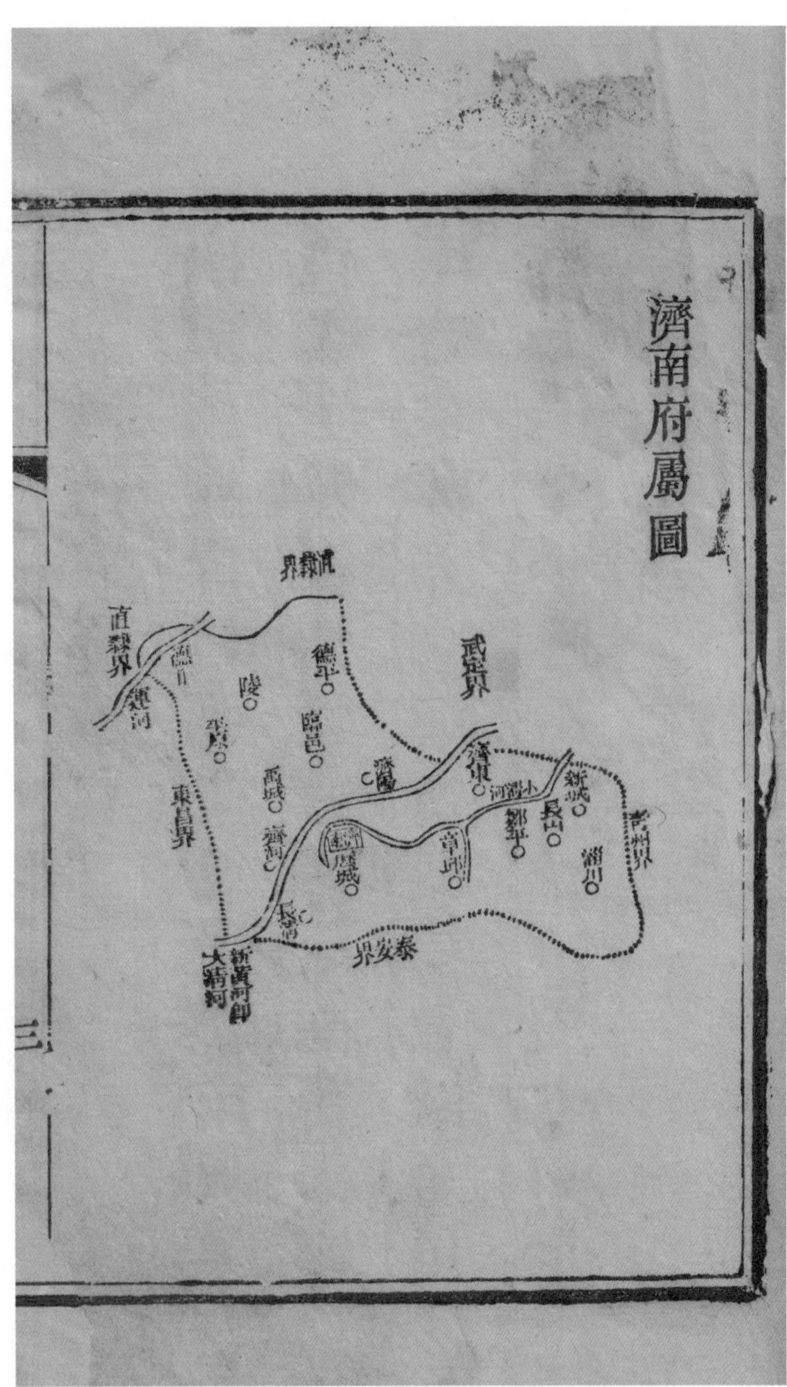
濟南府屬圖
直隸界
直隸界
運河
陵
德平
臨邑
平原
禹城
濟陽
齊河
東昌界
武定界
小清河
新城
長山
鄒平
章邱
歷城
淄川
青州界
泰安界
新黃河即大清河

客歲在都編次分道屬境歌不及州縣恐其繁也既而思童子寖長卽將有事四方若於本籍州縣尚難記識亦覺闊疏因擬於各省總歌後專輯川省若干首寄諸里門秋後銓除濟上閒曹事簡復取蔣氏升所撰山東十二首重加删訂並摹石印一統志中分府各圖以相比埒固知歌辭淺略繪法未精然俾學僮粗知封域大概識者幸勿誚諸

光緒壬寅仲冬月巴縣潘清蔭識於歷下

水經注匯校四十卷附錄二卷

清楊希閔撰

光緒七年福州刻本

清代中期研治《水經注》成就最高的學者，有全祖望、戴震、趙一清三家。至清末，王先謙復以戴震校武英殿本爲主，參校趙一清校本等，刊成《合校水經注》。此楊氏《水經注匯校》與王氏合校本性質略爲相近，雖校勘的嚴謹性稍遜於後者，但對研治《水經注》仍有參考價值。

版框高一七二毫米，寬一二二毫米。白口。

水經注匯校

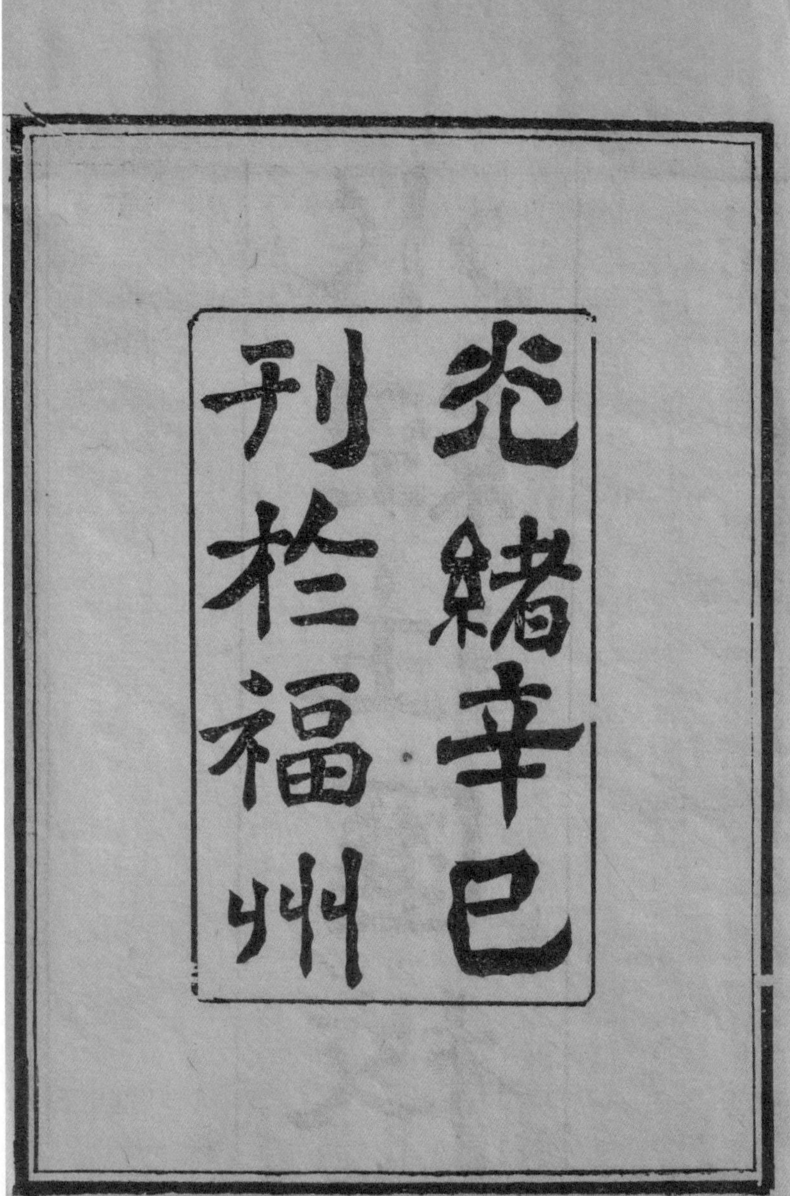
光緒辛巳
刊於福州

水經注匯校卷一　江西新城楊希閔卧雲校本

後魏酈道元撰

河水

崑崙墟在西北

三成爲崑崙丘崑崙說曰崑崙之山三級下曰樊桐一名板桐二曰玄圃一名閬風上曰層城一名天庭是爲太帝之居

去嵩高五萬里地之中也

禹本紀與此同高誘稱河出崑山伏流地中萬三千里禹導而通之出積石山按山海經自崑崙至積石千七百四十里自積石出隴西郡至洛準地志可五千餘里又按穆

水經注圖不分卷

清楊守敬、熊會貞撰

光緒三十一年楊氏觀海堂刻本　楊守敬、熊會貞批改

楊守敬之古史輿地研究，人稱清代一大絕學，熊會貞乃其得意門生。此圖係一代輿地名著。此本多有楊守敬、熊會貞批改文字，係楊、熊師弟二人在初刷印樣上標記技術性校勘和對內容的實質性改訂。後者一直持續至楊守敬逝世前不久，故此本可以說是《水經注圖》的最後改定之本，極具文物價值和史料價值。卷首楊氏自序末鐫『漢陽黄明誠刊』注記。

版框高二二三毫米，寬一六九毫米。白口。

水經注圖
東莞黃志孚題

光緒乙巳
觀海堂刊

悉以墨綫後之酈云脈水尋梁初非閫究輿徒之説自獻匪見竊取此義以質通人

光緒乙巳秋八月宜都楊守敬記

漢陽黃明誠刊

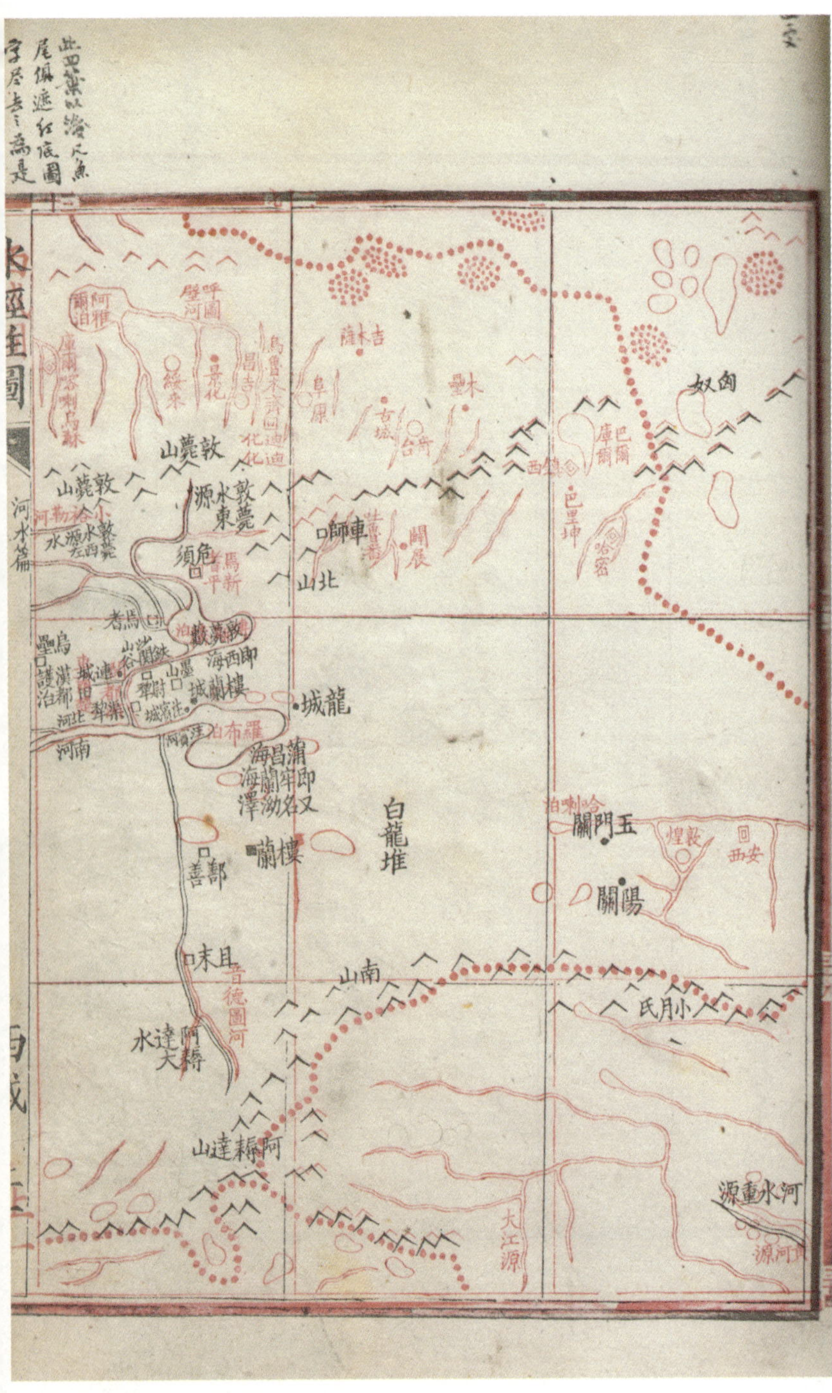
水經注圖
河水篇
敦薨山
敦薨水源
敦薨東水
危須
車師
北山
匈奴
龍城
樓蘭
蒲昌海
白龍堆
玉門關
陽關
鄯善
且末
南山
小月氏
阿耨達山
阿耨達大水
河水重源
大江源
河南
烏壘
焉耆

⊙ 水經注圖內文首頁

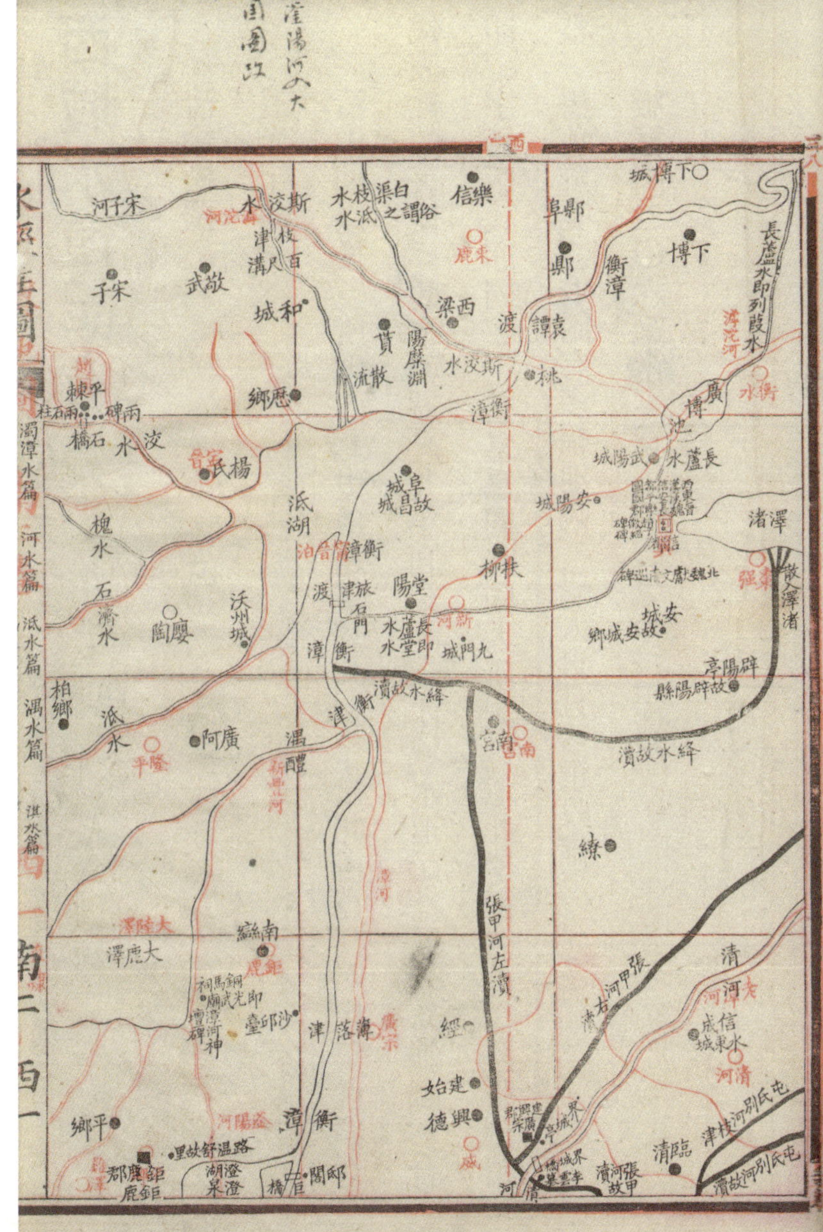

西域水道記五卷

清徐松撰

道光年間刻本

清中期以後，所謂西北史地之學驟起，徐松此書爲其中較早且頗有代表性的著述。此本與道光九年刊刻的《西域水道記》及《新疆賦》合印，字體版式亦同，三書當爲同時同人所刻。似此學術名著，且版刻精整，墨色鮮亮，並附有多幅地圖，學人自宜珍重收儲。

版框高二〇六毫米，寬一五〇毫米。黑口。

西域水道記五卷

⊙ 西域水道記內文首頁

西域水道記卷一

羅布淖爾所受水上

羅布淖爾者黃河初源所渟滀也

爾雅曰河出崑崙虛色白河圖始開曰崑崙之墟河水出四維崑崙者岡底斯也凡山國語曰阿林蒙古語曰鄂拉回語曰塔克西番語曰里又國語謂雪爲呢蟒依西番語謂之岡梵語謂之底斯此合西番語梵語以名之也以下凡言山者皆質言山不用方言一統志西藏有岡底斯山在阿里藏地極西地名之達克喇城東北三百十里直陝西西寧府西南五千五百九十餘里其山高五百五十餘丈周一百四十餘里四面峯巒陡絕高出乎衆山者百餘丈積雪如懸崖皓然潔白頂上百泉流注至山麓卽伏流地下前後環繞諸山皆巉巖峭峻奇峯拱列卽阿耨達山也按辨機西域記云贍部洲之中地者阿那婆荅多池也在香山之南大雪山之北周八百里注云阿那婆荅多池唐言無熱惱舊曰阿耨達池訛然則阿耨達山亦

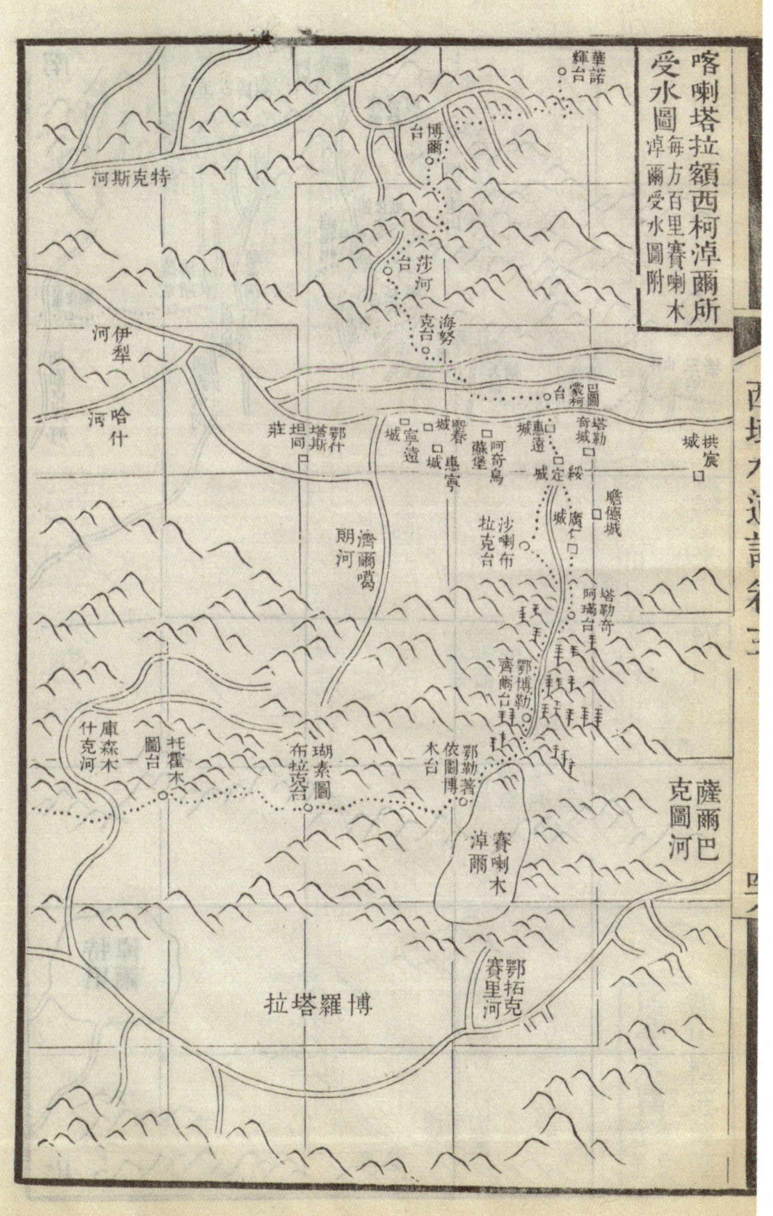
喀喇塔拉額西柯淖爾所受水圖
每方百里賽喇木淖爾受水圖附
特克斯河
伊犁河
哈什河
海努克台
惠遠城
綏定城
廣仁城
瞻德城
拱宸城
寧遠城
惠寧城
濟爾噶朗河
沙喇布拉克台
塔勒奇阿璊台
托霍木圖台
瑚素圖布拉克台
賽喇木淖爾
薩爾巴克圖河
鄂拓克賽里河
博羅塔拉

平灘紀略六卷附蜀江指掌一卷

清李本忠撰

道光二十年青蓮堂刻本

李氏於清嘉慶十年至道光年十六七年間獨力捐資修鑿四川、湖北兩省間長江險灘，此書即匯録其施工過程中各項呈文等文書。所附《蜀江指掌》乃撰著於道光十四年，先此曾單刻流通。蓋當時險灘修鑿之功初就，江上航道頗有改易之處，故撰爲此書，以供舟師舵工行船參考。此書是研究長江水道變遷的重要史料，而印本存世極罕。

版框高一八九毫米，寬一二九毫米。白口。

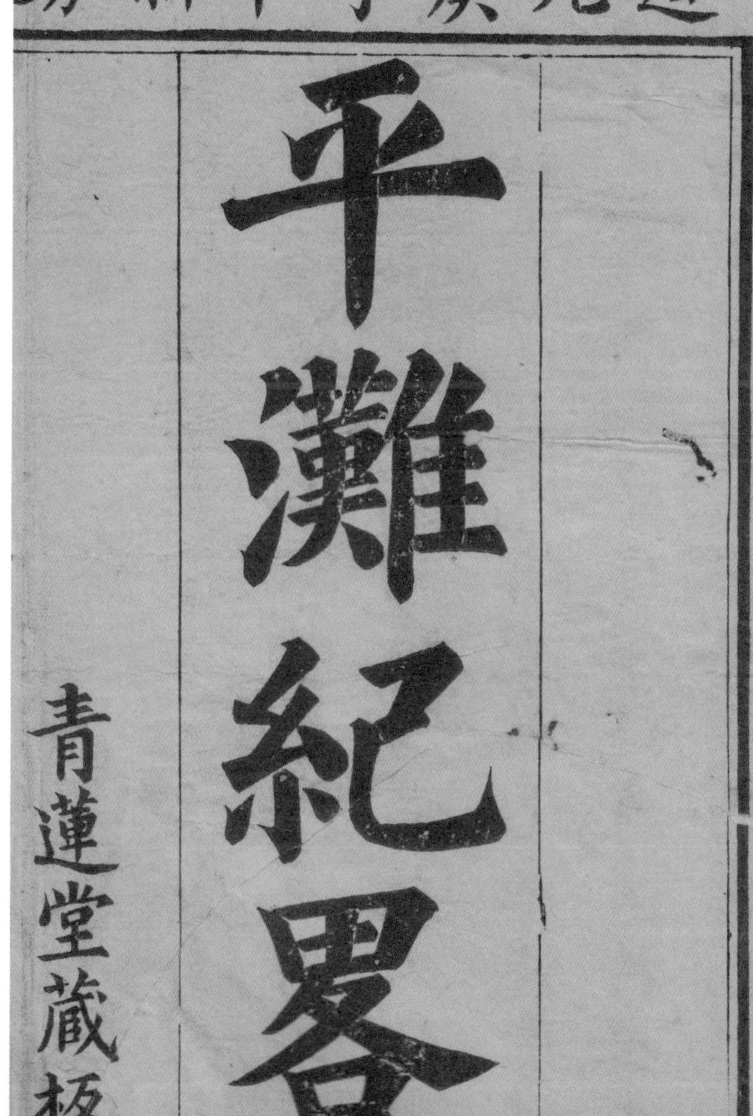
道光庚子年新鐫
平灘紀畧
青蓮堂藏板

初赴歸州請示打鑿牛口洩灘嘉慶九年十月十四日具
呈
具稟職員周步洲漢陽府漢陽縣人年六十二歲爲籲恩
給示准平險灘通商便民事情因
憲治之牛口灘上接川江水出巫山大峽口歷來上下舟楫
涉險往來乾隆五十三年灘腦上有一深溪偶發蛟水沖
倒巨石壘疊高堆泡漩接連洩灘并增漫汗往宦商賈行
李貨物至此莫不膽寒職夥李凌漢與職同縣於嘉慶九
年自四川重慶府裝下貨船行至牛口灘腦上浪湧滔天
上下阻隔名利舟楫自危者不知其數職夥人貨將陷者

蜀江指掌叙

天下之至難測者莫如心天下之最易見者莫如掌川江之險與他江異上下往來之人孰不躭憂求一立心平險就夷之人志不可得今有祥興號李君家居漢皐出貿西蜀其險阻艱難備嘗殆盡立此大願告厥成功既存獨力樂輸之財姑置勿論

偵探記二卷

清姚文棟撰

光緒刻本

作者姚文棟針對清末滇緬間邊界的態勢，在英印當局於光緒十六七年間派員察勘相關情況時，選派騰越漢人張成瑜及其族人德馨，僞充駝夫，參與其事，以探知英緬一方的動向。張成瑜、張德馨兩人每日以緬文暗記行程見聞，姚文棟據之撰爲此書。此書上卷署名『騰越附生張德馨』，下卷署名『騰越張成瑜』。書頗罕見難求。

版框高一七九毫米，寬一二四毫米。白口。

偵探記
江詒孫題

偵探記卷之上

密察英人窺探大金沙江上游一帶邊地情形 騰越

附生張德馨

英人於光緒十六年十一月初八日辰刻由新街起行乘小火輪船沿江而上是日未刻至江邊一緬寨名曰清蒲約有人煙十餘戶是晚即於此寨外停帆而宿盤坐四日　查英員四名

其一名曰厄了徒年約三十餘歲身中材面白有鬚性情剛烈略通漢言漢字昔時曾署猛硔溫道之文

⊙偵探記內文首頁

偵探記卷之下

密察英人窺探潞江下游以東至九龍江一帶邊地情形 騰越張成瑜

光緒十六年十月十六日英人由瓦城內直出東門一帶逐日所經地方寨名開列於左

十六日起　颯也奔硔　傲奔利　末洞　統波至此六十里止宿有黑八兵五十名將一員

十七日是日進山　翁覺　烏籔　邊咱至此七十里止宿有緬兵五十名官一員

山海經十八卷

晉郭璞注

乾隆十八年黄晟槐蔭草堂刻本

康熙年間有項絪羣玉書堂精刻《山海經》《水經注》二書，黄晟乃依樣翻刻項本。此本刊刻精雅不遜羣玉書堂原本，惟氣韻因時而變，已别具一番風味。

版框高一八一毫米，寬一三四毫米。細黑口。

天都黄曉峯挍刋

山海經

槐蔭草堂藏版

山海經序

晉記室參軍郭璞撰

世之覽山海經者皆以其閎誕迂誇多奇怪俶儻之言莫不疑焉嘗試論之曰莊生有云人之所知莫若其所不知吾於山海經見之矣夫以宇宙之寥廓羣生之紛紜陰陽之煦蒸萬殊之區分精氣渾淆自相濆薄遊魂靈怪觸象而構流形於山川麗狀於木石者惡可勝言乎然則總其所以乖鼓之於一響成其所以變混之於一象世之所謂異未知其所以異世之所謂不異未知其所以不異何者物不自異待我而後異異果在我非物異也故胡人見布而疑黂越人見罽而駭毳夫翫所

山海經第一

晉 郭璞 傳

南山經

南山經之首曰䧿山其首曰招搖之山臨于西海之上在蜀伏山山南之西頭濵西海也多桂桂葉似枇杷長二尺餘廣數寸味辛白花叢生山峯冬夏常青間無雜木呂氏春秋曰招搖之桂多金玉有草焉其狀如韭璨曰韭音九爾雅云霍山亦多之而青花其名曰祝餘或作桂荼食之不飢有木焉其狀如穀而黑理穀楮也皮作紙璨曰穀亦名構名穀者以其實如穀也其花四照言有光燄也若木華赤其光照地亦此類也見離騷經其名曰迷穀佩之不迷有獸焉其狀如禺而白耳禺似獼猴而大赤目長尾今江南山中多有說者不了此物名禺作牛字圖亦作牛形或作猴皆失之也禺字音遇伏行人走其名曰狌狌食之

⊙山海經內文首頁

昌平山水記二卷

清顧炎武撰

康熙間《亭林遺書》原刻本

昌平爲明朝帝陵所在。顧氏撰爲此書，多寄寓故國情懷於山水之間。

此本不惟原刻，且屬最初印本，殊爲難得。

版框高一八七毫米，寬一四二毫米。白口。

昌平山水記卷上

崑山顧炎武寧人著

京師九門其西北曰德勝門元之健德門也洪武元年九月大將軍徐達改今名

出門八里爲土城元舊也正統十四年十月己未也先奉上皇車駕登土城以通政司左參議王復爲右通政中書舍人趙榮爲太常寺少卿出見上皇於土城即此地也

又二十里爲清河其水出玉泉山分流而北逕此又東會於沙河入於白河元順帝至正二十四年禿堅帖木兒以兵向闕駐於清河索右丞相搠思監資正

三輔黃圖 一卷

清孫星衍、莊逵吉輯校

嘉慶十九年刻《平津館叢書》本

漢魏間佚名者著《三輔黃圖》，記述西漢長安京畿地區的宫觀苑囿並多溯及秦朝情況。原書久已散佚不存，今傳世本係唐中期前後重新編定。此輯校本乃依據古書引文編校而成，較諸傳世文本更接近原本文字。此本初印精整，鈐『屈爔之印』白文方印及『伯剛』朱文方印，知爲晚近浙江文人屈爔字伯剛者舊藏。

版框高一六〇毫米，寬一一二毫米。白口。

嘉慶十九年重刊本

三輔黃圖

平津館叢書

三輔黃圖新校正序

三輔黃圖一卷始見於隋經籍志不著撰人名氏如淳晉灼多引其文按劉昭注郡國志引黃圖云下邽縣并鄭桓帝西巡復之則爲漢末人後漢咸陽并入長安故記咸陽故事亦多繫之長安也書亦名西京黃圖舊有敘不傳故臣瓚引西京黃圖敘民摩錢取屑也舊書有圖特以文爲標識故其詞甚簡今書中所稱舊圖云云者標識之辭下有文複出者圖說是也若後云圖曰上林苑有昆明池周回四十里前云昆明池在長安西周四十里下云舊圖云西有彪池上云冰池在長安西之屬隋志云記三輔宮觀陵廟

三輔黃圖一卷

陽湖孫星衍　莊逵吉　同校定

京兆在尙冠前街東入故中尉府馮翊在太上皇廟西入右扶風在夕陰街北入故主爵府顏師古引如上與今本異今本見行世不復著錄其文太初元年以渭城以西屬右扶風長安以東屬京兆尹長陵以北屬左馮翊以輔京師謂之三輔太平御覽引如上顏師古云長安以東爲京兆長陵以北爲左馮翊渭北以西爲右扶風不如御覽爲長今本作三輔者謂主爵中尉及左右內史云云三十七字後人妄改三輔郡皆有都尉如諸郡京輔都尉治華陰左輔都尉治高陵右輔都尉治郿王莽分長安城旁六鄉置帥各一人分三輔爲六都尉渭城安陵以西北置栒邑義渠十

長安志圖三卷

元李好文撰　乾隆四十九年畢沅靈巖山館刻本

李好文撰著此書，乃爲配合宋敏求《長安志》而作，即給《長安志》配圖，不過李氏也有很多重要文字敘述。此本内封面所署『長安圖志』固屬無知誤題。自元代成書以來，李《圖》就一直附刊於宋《志》之末，相輔而行。此本宋《志》已佚，屬殘書。因德勇曾研治隋唐東西兩京城坊建置，宋《志》李《圖》俱爲重要史料依據，故亦珍重收儲於寒齋。鈐『四明盧氏抱經樓藏書印』白文方印，知爲盧文弨舊藏。

版框高一九二毫米，寬一四三毫米。黑口。

乾隆甲辰校刊

長安圖志

靈巖山館藏板

長安志序

太常博士充集賢校理崇文院檢討同知丞事趙彥若

雍之爲都涉三代歷漢唐之全盛世統屢更累起相襲神靈所儲事變叢巨宜其較然有明册大典暴天下耳目而圖牒殘脫宿老無傳求諸故志唯韋氏所記爲一時見書遺文古事悉散入他說班班梗槩不可復完非好學深思博物善作孰能盡收其軼而追成之長安志者今史官諫議大夫龍圖閣直學士常山公所定著也公以文章世家爲朝廷名臣兢業之餘紀述自命蓋考論都邑網羅舊聞詞人所銳精而載筆之尤務也近代建國率繇西遷崤函之區陶冶浚洛實上游要會最重之地而陵毀零落寖就

唐驪山宮圖上
南
逍遙莊
清虛原
老君殿
石甕嶺
翠陰亭
羯鼓樓
丹霞泉
山城門
連理木
荔枝園
飲鹿槽
降聖觀
老母殿
白鹿觀
八角井
飛橋
飛閣
鐘樓
朝元閣
望京樓
集靈臺
明珠殿
飛泉
唐昌觀
西繡嶺
幽棲谷
儒堂
坑儒谷
長生殿
王母殿
石闌杆
金沙洞
繚墻

都門紀略二卷

清楊靜亭撰　道光二十五年原刻本

是書記述清朝京城市井風俗，相當於外地入京者之導遊手冊。今北京城自元明清三朝以來第一次有此等著作。上卷爲《都門紀略》本文，首列一簡要地圖，以示前三門外『天下仕商聚匯之所』；繼之分爲風俗、對聯、翰墨、古蹟、技藝、時尚、服用、食品、市廛、詞場諸項，逐一記述。下卷别題《都門雜咏》，係以竹枝詞形式吟詠上列風俗以下每一事項。此書後來屢經增廣重刻，愈衍愈繁，此初刻原本今已十分罕見。

版框高一二八毫米，寬一〇四毫米。白口。

都門紀畧
卷上
4738

道光乙巳新鐫
都門紀略

⊙ 都門紀略內封面

風俗 京師風俗最爲淳厚筆難盡述惟無關於仕商者概不載入

京師最尚繁華市廛舖戶粧飾富甲天下如大柵欄珠寶市西河沿琉璃廠之銀樓緞號以及茶葉舖靴舖皆雕梁畫棟金碧輝煌令人目迷五色至肉市酒樓飯館張燈列燭猜拳行令夜夜元宵非他處所可及也

京師最尚應酬外省人至羣相邀請筵宴

都門紀略 三卷

清楊靜亭原著　清徐永年等增補　同治三年刻本

楊靜亭在道光二十五年刊行《都門紀略》之後，於道光二十六年復補撰《都門會館》。據云楊氏在道光二十七年重刻《都門紀略》，即含此《都門會館》在内。其後最早的增補本，就是這種同治三年徐永年等增補本。此本含有《都門雜記》（即原題《都門紀略》者）、《都門雜咏》和《都門會館》三部分内容。楊靜亭書由此本開始徹底轉入商業化路徑，故在此書版本衍變史上具有獨特地位，而流傳之罕，更甚於道光二十五年楊氏原刻本。

版框高一二一毫米，寬一〇七毫米。白口。

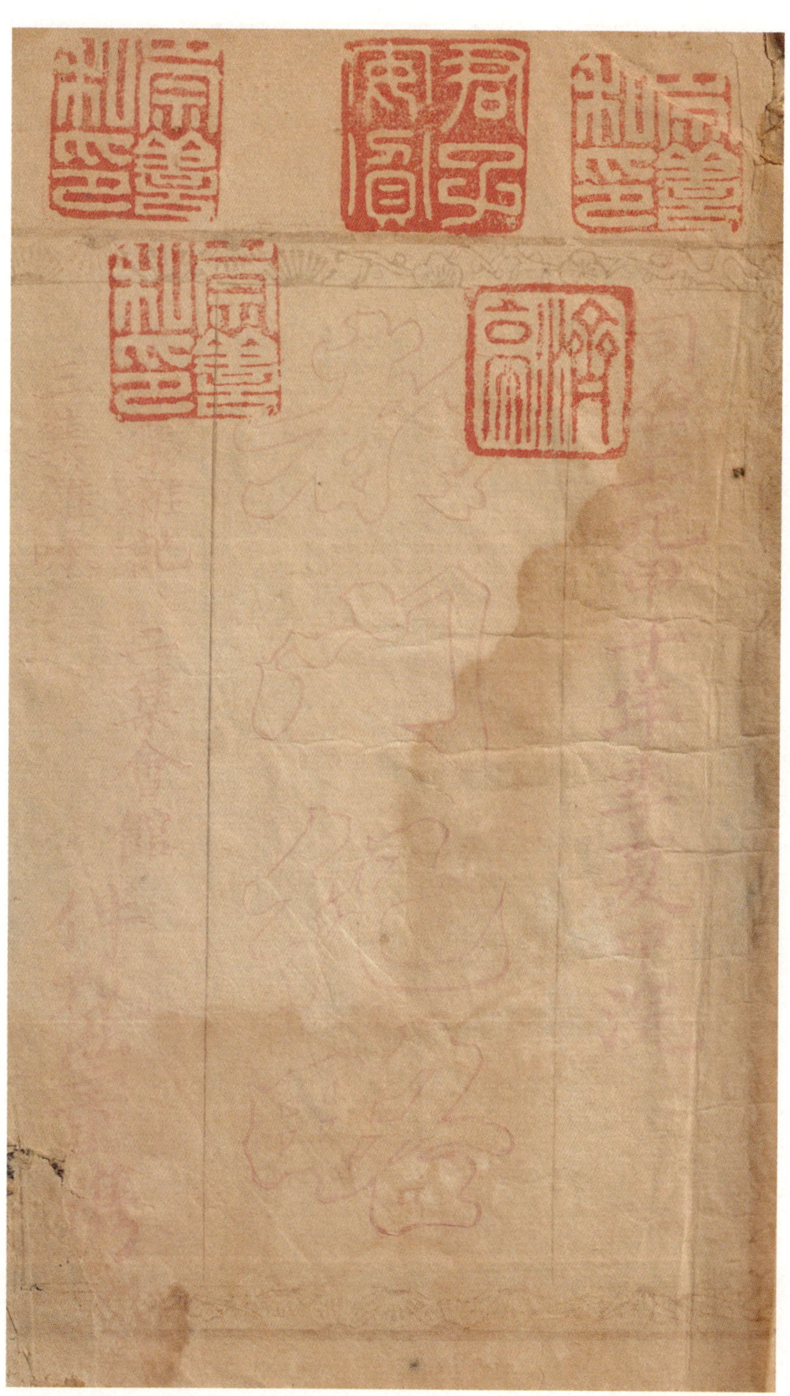

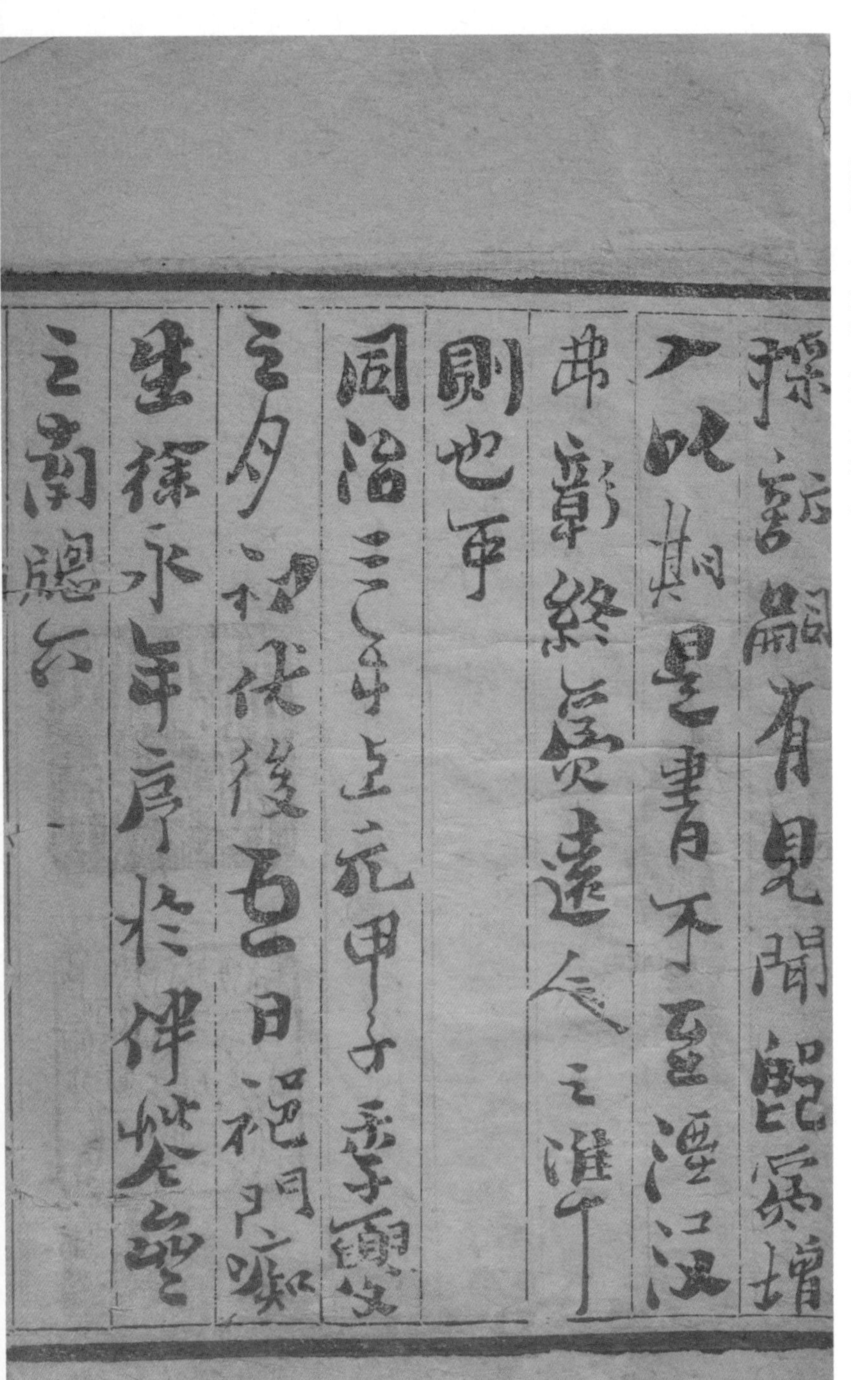

採諮嗣有見聞輒爲增
入以期是書不至湮沒
弗彰終爲遠人之準
則也乎
同治三年歲在甲子季夏
之月初伏後五日湘潭知
縣徐永年序於伴螢室
之劍聰氏

京師風俗最爲淳厚筆難盡述

風俗 惟無關於仕商者概不載入

京師最尚繁華市廛鋪戶粧飾富甲天下如大柵欄珠寶市西河沿琉璃廠之銀樓緞號以及茶葉鋪靴鋪皆雕梁畫棟金碧輝煌令人目迷五色至肉市酒樓飯館張燈列燭猜拳行令夜夜元宵非他處所可及也

京師最尚應酬外省人至羣相邀請筵宴

燕京歲時記 一卷

清富察敦崇著

光緒三十二年刻本

此書並不稀見，惟余此本内封面鈐『铁獅道人』朱文方印，内文首頁卷端下方另有一『夏曹散吏』朱文方印，俱屬作者自用印章。民國年間周作人先生嘗得一此等富察氏鈐印之本，以爲雖然『紙已舊蔽』，但『所可重者乃是作者之遺蹟耳』（周氏《關於燕京歲時記譯本》，刊《國立華北編譯館館刊》，一九四二年十月）。當年尚且如此，今日則更爲值得珍惜。

版框高一三一毫米，寬一〇六毫米。白口。

光緒丙午
燕京歲時記
富察敦崇
敦崇

光緒丙午仲秋開雕

板存琉璃廠文德齋

燕京歲時記

長白　富察敦崇　禮臣氏編

元旦

京師謂元旦爲大年初一每屆初一於子初後焚香接神燃爆竹以致敬連霄達巷絡繹不休接神之後自王公以及百官均應入朝朝賀朝賀以畢走謁親友謂之道新喜親者登堂疏者投刺而已貂裘蟒服道路紛馳眞有車如流水馬如游龍之盛誠太平之景象也是日無論貧富貴賤皆以白麵作角而食之謂之煮餑餑舉國皆然無不同也富貴之家暗

譎觚十事 一卷

清顧炎武撰

康熙間《亭林遺書》原刻本

山東學者李煥章無端『辯正』顧炎武論臨淄等齊魯古地理十事，而言多無的放矢，荒唐殊甚。顧氏不得不撰爲此事，以正視聽。此本刊刻精雅，且爲最初印之本，而似此初印之本一向極爲罕見。

版框高一八六毫米，寬一四三毫米。白口。

譎觚十事

東吳顧炎武寧人

僕自三十以後讀經史輒有所筆記歲月既久漸成卷帙而不敢録以示人語曰良工不示人以樸慮以未成之作誤天下學者若方輿故蹟亦於經史之暇時一及之而古人之書既已不存齊東之語多未足據則尤所闕疑而不敢妄爲之說者忽見時刻尺牘有樂安李象先名煥章與顧寧人書辯正地理十事竊念十年前與此君曾有一面而未嘗與之札又未嘗有李君與僕之札又札中言僕讀其所著乘州人物志李氏八世譜而深許之僕亦未嘗見此二書也其

三十九帝陵寢録 一卷

清夏錫㤥撰

光緒五年刻本

清廷祭祀前代帝陵凡三十九所，上起伏羲，下迄明孝宗弘治皇帝。夏氏彙纂並粗略考索常見大路史料，羅列排比，以供世人參考。此書雖淺顯不足以云學問，但將相關陵寢事宜著爲專書，於讀史治史仍頗有助益。此本刊刻雖晚，但因不受學者重視而流傳無多，今已難得一見。

版框高一七四毫米，寬一二五毫米。白口。

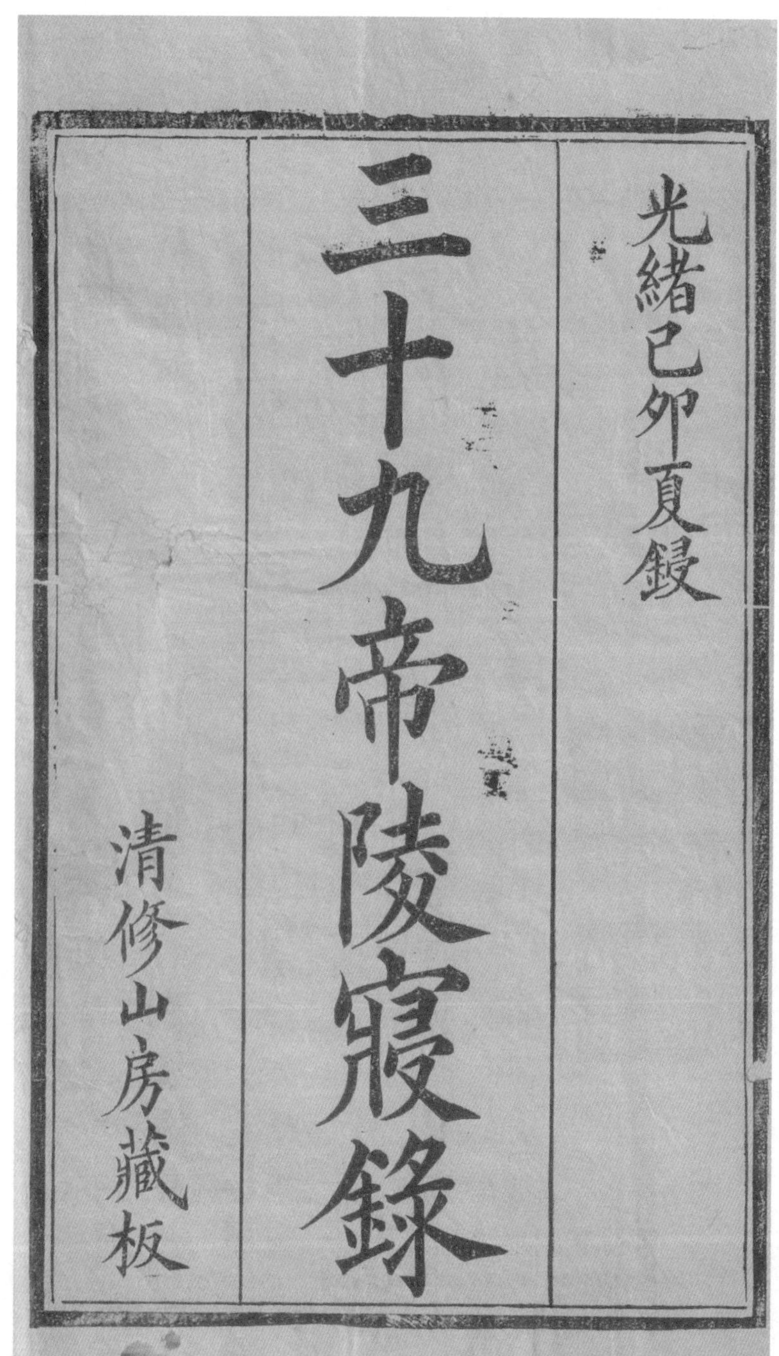
光緒己夘夏録

三十九帝陵寝録

清修山房藏板

纂會典綱鑑一統志寰宇記各省省志旁徵博引高若干丈寬若干尺巍巍乎如在目前吾願學人朝夕捧覽不啻履其地而親見之以誌如羹如牆之意且爲馬牛而襟裾者戒

光緒五年仲夏月端午前三日午橋趙裴哲題於龍洲書院半學齋旹年八十有二

自伏羲至明孝宗凡三十九帝皆盛德之主有功於生民者也出於我
朝
高宗皇帝之所選定可謂公且嚴矣

伏羲廟在淮寧縣西北五里明正統間重建

三十九帝陵寢錄

益陽夏錫俟奇甫編輯

俟按會典恭遇

國家大慶分遣儒臣賫祭文香帛致告於歷代帝王陵寢自伏羲至明世宗凡四十陵乾隆四十一年罷明世宗之祭其三十九帝陵寢在某省府縣今皆錄之以備遺忘帝王之不與

本朝祭陵典禮者

陵雖在不錄

太昊伏羲氏陵

在河南陳州府淮寧縣西北三里有廟在其側今載祀典一統志云按史記註皇甫謐曰伏羲葬南郡或曰冢在山陽高平西從不聞其葬處在都邑也以太昊陵在陳州宛邱則自宋太祖乾德四年始　俟按伏羲都陳謂山東鳧山有伏羲氏陵者

⊙ 三十九帝陵寢錄內文首頁

岳陽風土記一卷

宋范致明撰

道光間海虞顧湘刻《小石山房叢書》本

范書今存世最早版本爲明嘉靖刻本，此本即據嘉靖本翻刻。又《小石山房叢書》初成未久，即遭洪、楊之亂，書版嚴重損毁，至同治年間修整重刷，版片印工均遠不及初印者精善，此則道光年間版刻初竣時印本，殊爲罕見。

版框高一七二毫米，寬一二四毫米。黑口。

岳陽風土記

宋宣德郎監岳州在城酒稅務范致明撰

岳州南鄰蒼梧之野古三苗國地又爲麋子國春秋文公十一年楚子伐麋即此地也戰國末屬楚羅子國秦并天下爲長沙郡漢因之以爲要扼之地置戍以鎮之建安中吳使魯肅將兵萬人屯駐於此吳錄云晉分長沙之邑爲巴陵等縣置建昌郡在巴陵今州即建昌郡也以陶侃鎮之後省入長沙至宋文帝又分其地置巴陵郡齊武帝永明二年封子子倫爲巴陵王遂爲巴陵王國子倫爲明帝所害梁武帝封齊明帝子保義爲巴陵王奉後以繼三恪元帝都荆州立巴陵郡武帝末湘東王遣陸法和等據赤

三省山内風土雜識 一卷

清嚴如熤撰　嘉慶間刻本

此書與《三省山内道路考》同爲作者《三省邊防備覽》的先行著述，載述四川、湖北、陝西三省交界地帶的山川風土狀況。其主要内容雖被編入《三省邊防備覽》，但也有很多内容被略而未載。此書後來有《問影樓輿地叢書》本和《關中叢書》本，俱缺少卷首嚴氏自序和《三省山内簡明地圖》。此嘉慶原刻本頗稀見，鈐『孫桐之印』白文印、『閏枝』朱文印及『夏閏枝所收方輿圖籍』白文印，知乃清末民初學者夏孫桐舊藏。

版框高二二七毫米，寬一三三毫米。白口。

序

庚申歲余奉檄從軍往來秦隴金商梁洋之間後承乏洵陽定遠洵鄰郧陽定連川北每因團練捘捕至邊得與川楚父老相問勞其山川之幽險民間之疾苦蓋耳熟焉因思山内流民患之見於前代者兆端於正統歷成宏以迄天崇綿延而未之絶詎非以地實遼濶一勞永逸防馭訖無長策哉書生迂拙就見聞之所及録而存之或者千慮一得畧備芻蕘則亦爰諮爰諏之意也此編多馬上所得未有體製故名之曰山内風土雜識

漵浦嚴如熤炳文氏著

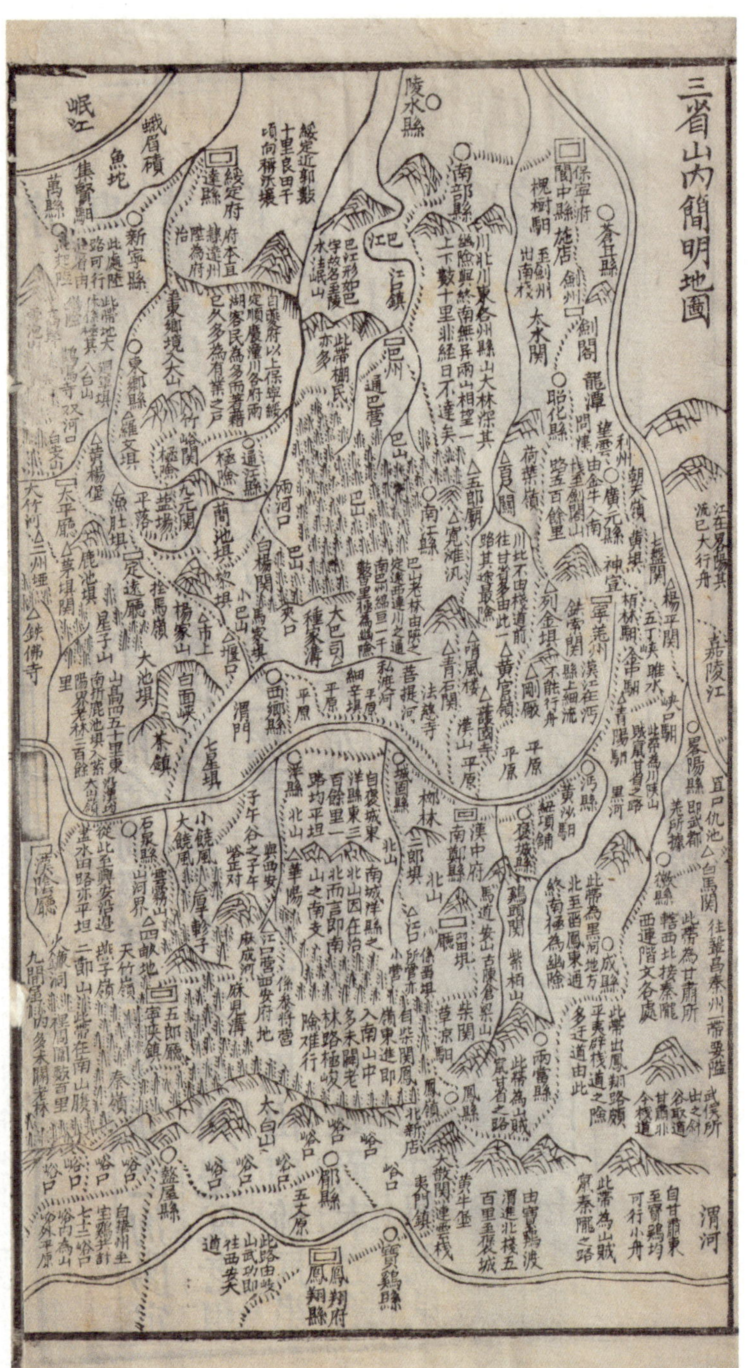

三省山內簡明地圖
岷江
嘉陵江
渭河
保寧府
閬中縣
蒼溪縣
劍州
劍閣
昭化縣
廣元縣
朝天嶺
七盤關
陽平關
南部縣
巴州
通江縣
南江縣
綏定府
達縣
新寧縣
東鄉縣
太平廳
定遠廳
寧羌州
略陽縣
沔縣
褒城縣
漢中府
南鄭縣
城固縣
洋縣
西鄉縣
留壩廳
鳳縣
兩當縣
徽縣
成縣
石泉縣
漢陰廳
寧陝廳
五郎廳
太白山
盩厔縣
郿縣
大散關
寶雞縣
鳳翔府
鳳翔縣

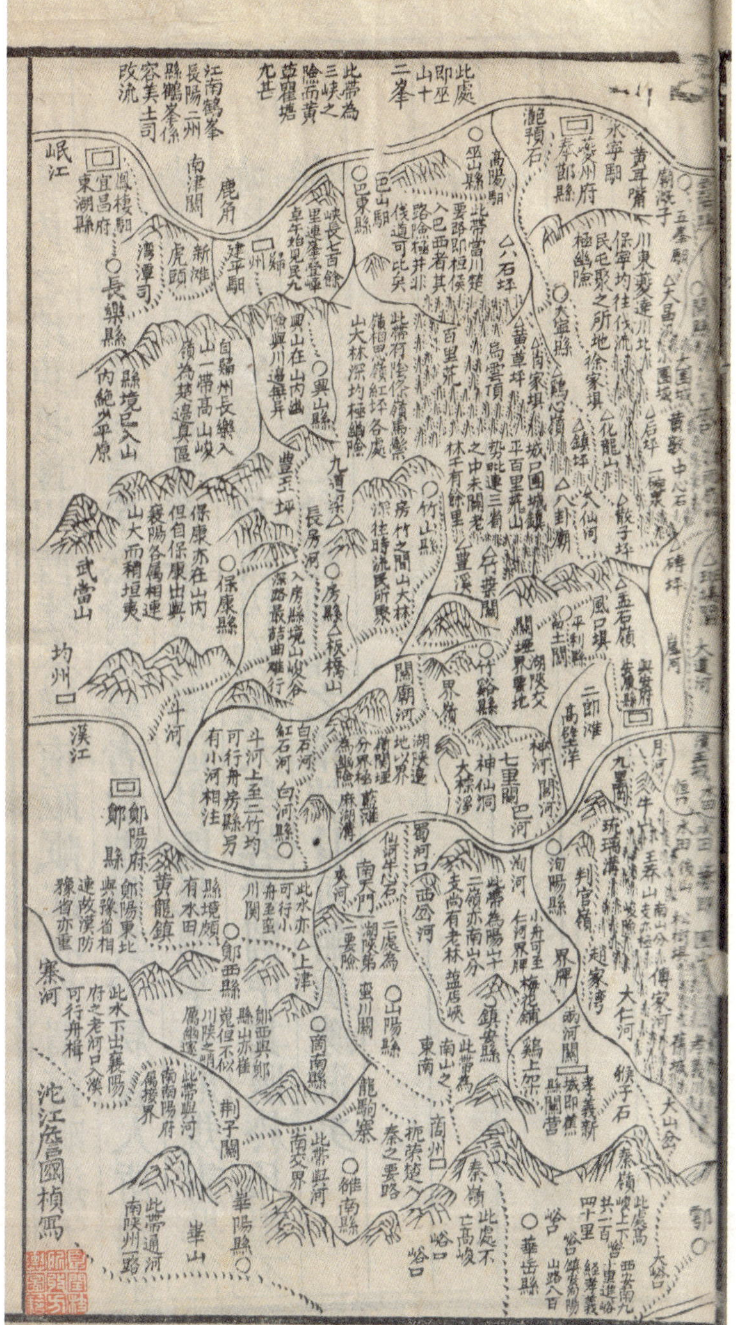
此處即巫山十二峯
此帶為三峽之險而黃草瞿塘尤甚
江南鶴峯長陽二州縣鶴峯係容美土司改流
岷江
宜昌府
東湖縣
鳳棲驛
南津關
鹿角
新灘
虎頭
灣潭司
長樂縣
建平驛
峽長七百餘里連峯疊嶂卓午始見日光
巴東縣
巴山驛
巫山縣
高陽驛
夔州府
奉節縣
永寧驛
灔澦石
五峯驛
大寧縣
六石坪
興山縣
興山在山內幽險與川邊無異
自歸州長樂入山一帶高山峻嶺為楚邊真隘
縣境已入山內絕少平原
保康亦在山內但自保康出與襄陽各屬相連山大而稍坦夷
武當山
均州
保康縣
房縣
板橋山
入房縣境山峻谷深路最詰曲難行
九道梁
竹山縣
房竹之間山大林深往時流民所聚
百里荒
烏雲頂
八卦廟
竹谿縣
斗河
漢江
鄖陽府
鄖縣
白石河
紅石河
白河縣
斗河上至二竹均可行舟房縣另有小河相注
黃龍鎮
鄖西縣
上津
寨河
此水下出襄陽府之老河口入漢可行舟楫
商南縣
山陽縣
鎮安縣
洵陽縣
大仁河
龍駒寨
荊子關
此帶與河南交界
商州
雒南縣
華陽縣
華山
此帶通河南陝州一路
秦嶺
峪口

周行備覽六卷首一卷

清翼聖堂纂集　約乾嘉間刻本

是書記述全國各地交通路線和行經地點、里程，以助仕宦商賈出行。卷首一卷載《新鐫天下水陸路程全圖》《江湖十二則》及《逐月行船宜避暴風日期》。作者序文署『乾隆戊午花朝白下妙因居士偶題』，各卷卷端題『浙江武林翼聖堂輯定』，疑本出自書坊纂集，具體作者已不易稽考。此書是研究清代交通地理狀況的重要史料，當日雖風行於仕商之間，而今已稀見難求。內封面題『五柳居藏板』。

版框高一一一毫米，寬九四毫米。白口。

天下路程

仕商必攜

周行備覽

五椡居藏板

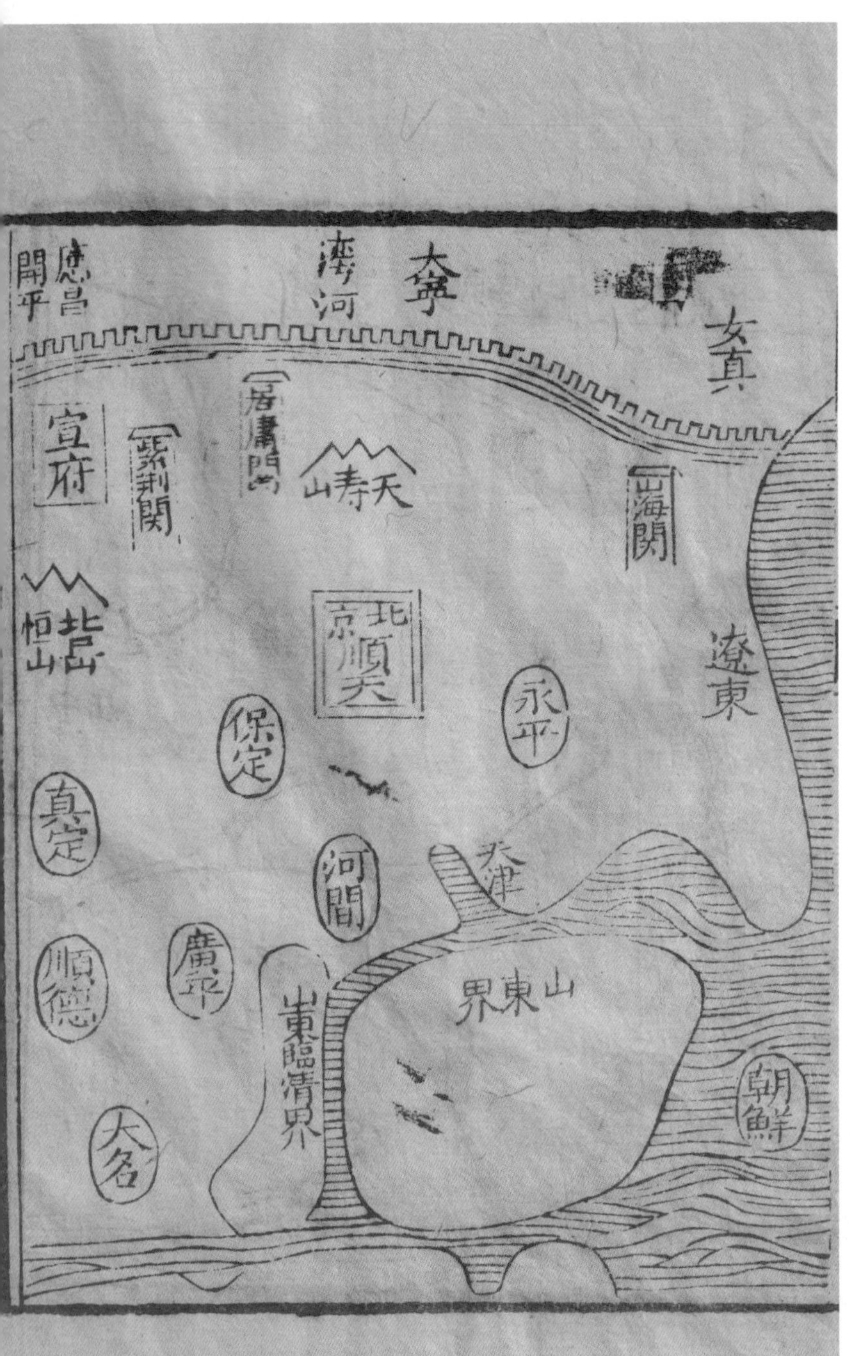
應昌
開平
大寧
灤河
女真
宣府
紫荆關
居庸關
天寿山
山海關
北京順天
北岳
恒山
遼東
永平
保定
真定
河間
天津
廣平
順德
山東界
山東臨清界
朝鮮
大名

周行備覽前集

浙江　武陵翼聖堂輯定

○江南省城進京水路程

江寧府儀鳳門外龍江關　二十里觀音山　三十里瓜埠巡司　十里碧山　十里龍潭驛　二十里青山　二十里儀眞縣　五里東關　十里新城　二十里朴樹灣　十里東石人頭　五里西石人頭　五里凍青鋪　十里楊子橋　十里揚州府廣陵驛凡船過鈔關要稅行李不報稅須過閘換船　十里黄金垻

蜀道紀遊二卷

清李德淦撰　嘉慶十三年學脩堂刻本

作者時爲安徽涇縣知縣，嘉慶十二年夏由涇縣至安慶，解餉成都。此書即記其旅途經歷。其行程乃北經河南、陝西，轉而南抵成都，復南下三峽，經湖北、江西而返回涇縣。其書字體、版式均與邑人趙紹祖同期所刊《通鑑注商》等書相似，且卷末附有趙氏跋文，故刊印者應與之相同。書屬初印，甚稀見。鈐『積學齋徐乃昌藏書』朱文長方印，『蘇錫昌印』白文方印，知經皖人徐乃昌、蘇錫昌（字繼廎）遞藏。

版框高二〇一毫米，寬一三六毫米。白口。

嘉慶戊辰鐫

蜀道紀遊

學脩堂梓

蜀道紀遊敘

梅岩二兄之解餉赴川也，六月發軔，九月抵錦官城。時余以二批先啓行，黃塵赤日，暑風零雨，身所備嘗，輒念梅巖不置也。事竣，則由於道同歸。時則清風戒寒，嚴霜肅草，江波翕歛，灘險皆平，一路聯舟東下，兩人

蜀道紀遊上卷

古上谷李德淦梅嵒著

嘉慶十二年三月奉　憲委解四川省兵餉十萬兩四月十八日交卸涇篆

五月十五日自涇起程至黃荊楊　八十里　青陽縣界

是日晨興邑中父老子弟百餘人設祖帳於郭門外衣冠濟濟揖於道左情詞殷勤余感其意爲之盡三爵焉既而後任于携寅好諸君子並候於途把袂言別慰誨交至余謝之渡河縣之書役及市井細民之

度隴記四卷

清董醇撰

咸豐元年刻本

作者於道光二十九年以戶部主事身份隨祁寯藻出使陝甘，往還歷時四月有餘，此書即此行逐日行記。祁寯藻序稱其書『舉凡山川道里，形勝關隘，與夫民風土俗，建置沿革之故』無不詳加記載，是研究當時地理狀況的珍貴資料。內封面及內文首頁卷端俱鐫『隨軺載筆第六種』字樣。每卷卷末鐫『受業江都趙熙和校字』注記。

版框高一六一毫米，寬一〇六毫米。白口。

道光二十九年冬寯藻奉
命馳驛前往四川陝甘同
行者戶部主事董君醇及員外
郎鍾君秀刑部主事馮君栻使
還董君以途次所纂度隴記請

⊙ 度隴記內文首頁

隨軺載筆第六種　甘泉董醇醖卿甫著

度隴記卷一

○道光二十九年。己酉。冬十月。初二日。奉

上諭著派祁寯藻馳驛前往四川查辦事件所有隨帶司員著一併馳驛前往欽此。是日申刻奉相國函諭。略云。今日奉

旨。出差蜀中。敬煩台駕。同行。比年鞅掌。深抱不安。賢者多勞。想不見棄也。接信後。牋致鍾石帆秀。

○初三日。赴園。晤石帆於吏部朝房。奉相國諭。適已將某從浙江歸某從山西歸今復派往奏明矣。

三省山内道路考一卷

清嚴如熤撰

嘉慶間刻本

嚴如熤在道光初年刊行有《三省邊防備覽》，乃爲應對四川、湖北、陝西三省交界地帶白蓮教之亂而記述當地流民和土地開發等社會狀況，是研究清中期社會經濟的重要史籍。嚴氏在撰著《三省邊防備覽》之前，先刊佈有《三省山内道路考》與《三省山内風土雜識》兩書，即前者是在後兩書基礎之上增多衍繁而成，不過在增補新内容的同時，對這兩種舊作也頗有删削，刊落不少重要的細節。此《三省山内道路考》詳細載述陝西、甘肅、四川、湖北四省相關山區道路及沿線社會、經濟狀況，被《三省邊防備覽》削除的内容尤爲繁多。《三省邊防備覽》刊印後，風行海内，而《三省山内道路考》與《三省山内風土雜識》爲其所掩，流佈尠少，《三省山内道路考》尤甚，可謂極其罕見。此本卷末有墨筆添注『江西吉安府徐天爵所刻』字様，乃記録當時實際狀況。

版框高二二六毫米，寬一二八毫米。白口。

三省山內道路考
楚南嚴如熤
蜀北鄭炳然 仝輯

陝西

漢中府南鄭縣嘉慶十三年奏將寧陝總兵移駐漢中與兵備道同城

東四十里柳林舖三十里城固縣平原坦途

南二十里祖師殿三十里牟家壩二十里山路青石關南鄭巡檢駐此二十里

回軍壩二十五里天池子二十五里羊圈關入川省通江界二十里

西河口三十里保兒壩三十里碑壩塲三十里韮菜崖二十里

壩溪二十里朱家壩三十里青池子四十里樓子廟三十里

平溪壩四十里板橋口二十里青峪口三十里新塲壩三十里

涪陽壩三十里扛金嶺二十里石嶺子三十里通江縣共程五百

九十里此路由牟家壩入山回軍壩天池子羊圈關一路從老林中行走羊圈關為川邊要隘

地學歌略 一卷

清葉瀚、葉瀾撰

清末刻本

此書作於清末，時臺灣已割屬日本。全書以四言韻語形式，講述世界地理知識和地學基礎知識，間附作者自注。綿紙一冊，計六十一番。乃當時傳佈開眼界新知識通俗書籍，今則成爲瞭解中國接受並傳播西洋地理知識和地學知識過程的珍貴史料，已難得一遇。

版框高一七五毫米，寬一二四毫米。大黑口。

地學歌略

仁和葉瀚撰著

地球何形　橘子彷彿
兩極微凹　赤道微凸
地學之家　分爲三則
一講地面　一講地質
地面之學　圖象攸資
球體度綫　事屬人爲
球體中徑　爲赤道圈

乘查筆記一卷

清斌椿撰

同治八年原刻本

同治五年正月，清廷接受海關總稅務司英國人赫德的建議，派遣赫德及前襄陵知縣斌椿等人赴法、英、德、俄等歐洲九國考察，這也是中國人第一次爲考察西洋情況而出國遠行，在清朝外交史乃至中華帝國外交史上具有重大意義。斌椿歸國後撰著此書，記此行見聞。卷首有徐繼畬、董恂等人序，而是本書衣所印書名即由董恂題簽，故知應屬原刻之本。

版框高一六七毫米，寬一一四毫米。白口。

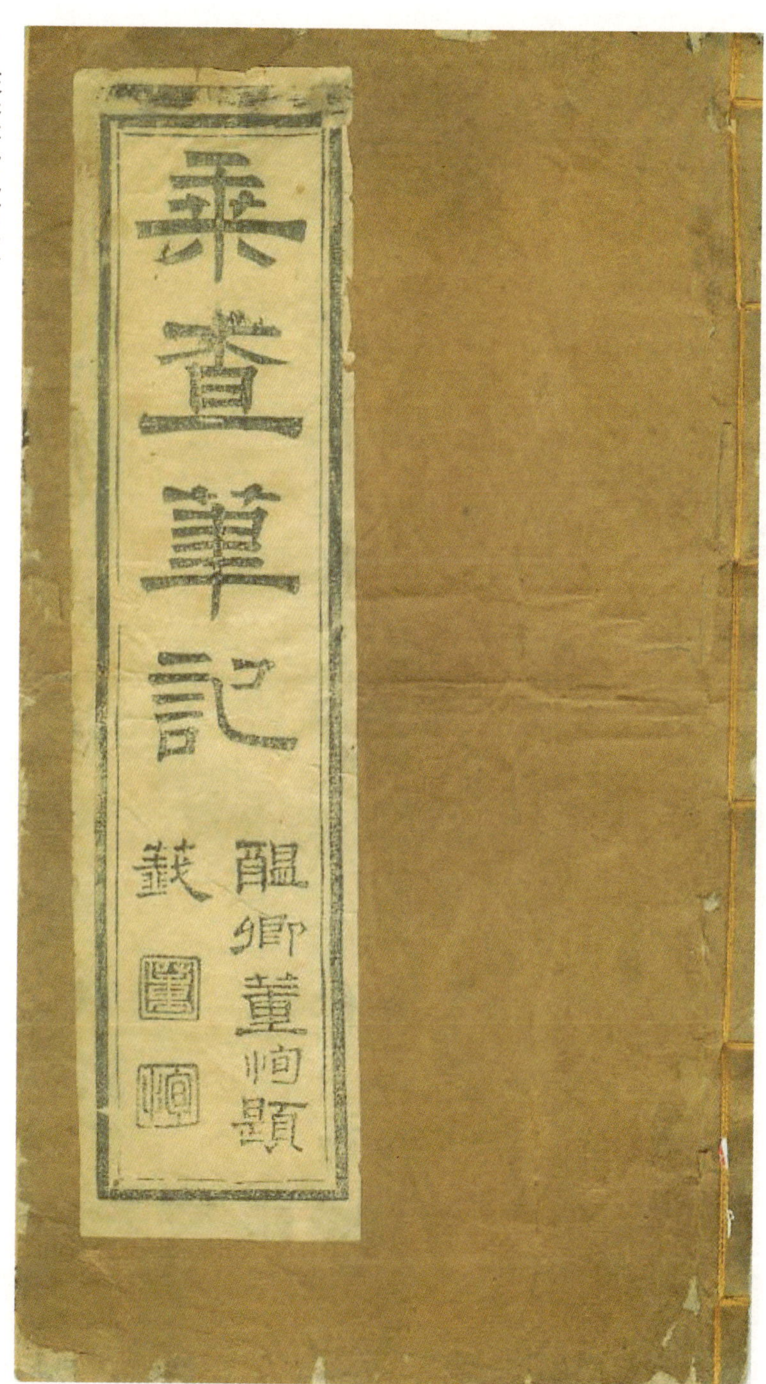

⊙ 乘查笔记書衣

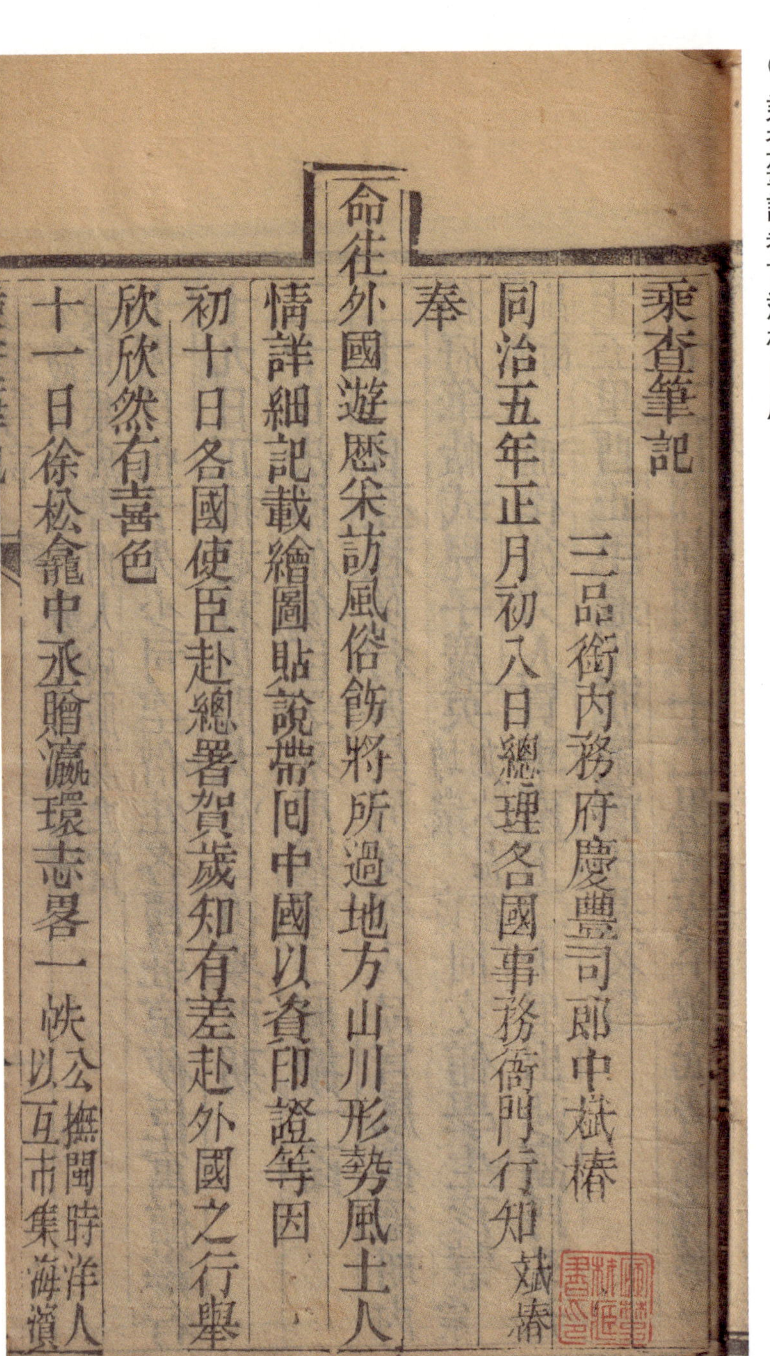

乘查筆記

三品銜內務府慶豐司郎中斌椿

同治五年正月初八日總理各國事務衙門行知斌椿

奉

命往外國遊歷采訪風俗飭將所過地方山川形勢風土人情詳細記載繪圖貼說帶回中國以資印證等因初十日各國使臣赴總署賀歲知有差赴外國之行舉欣欣然有喜色

十一日徐松龕中丞贈瀛環志畧一帙公撫閩時洋人以互市集海道

乘查筆記

三品銜內務府慶豐司郎中斌椿

同治五年正月初八日總理各國事務衙門行知斌椿奉

命往外國遊歷采訪風俗飭將所過地方山川形勢風土人情詳細記載繪圖貼說帶回中國以資印證等因初十日各國使臣赴總署賀歲知有差赴外國之行舉欣欣然有喜色

十一日徐松龕中丞贈瀛環志畧一帙公撫閩時洋人以互市集海濱

圖史通義 一卷

清林傳甲撰

光緒二十九年長沙督學使署刊本

正文卷端書名下附記云『一名普通輿圖法』。其書分列購圖、著筆、分合、考論、掌故、增改、形勢、兵謀、異同、比喻、經營、測繪十二事項，闡述閱讀地圖、使用地圖的一般方法和作者的經驗體會。中國歷史上同類著述別無所見，此書刊印雖晚，亦殊足珍重。

版框高一六〇毫米，寬一二〇毫米。黑口。

歲次癸卯寅月

圖史通義

葛怡年謹署題

光緒二十九年刊於長沙督學使署

圖史通義 一名普通輿圖法

候官林傳甲魁雲甫稿

購圖

春秋元命苞神農之世怪義生白阜圖地形脈道爲地圖之始山海經豎亥右手握算左手指青邱北爲經緯里差之始周易坤爲輿前漢書淮南王傳有按輿地圖之語爲輿地圖得名之始漢光武建武二十四年南匈奴遣漢人郭衡奉匈奴地圖詣西河太守求內附爲中國圖外國輿地之始朱子文集答李季章書黃文叔作地理木圖爲地圖用刻象之始裴秀準望在豎亥後札瑪魯丁在黃文叔

爲政忠告四卷（含牧民忠告二卷風憲忠告一卷廟堂忠告一卷）

元張養浩撰

道光十一年尹濟源碧鮮齋刻本

此本係依據影鈔元刻本覆刊。字體精美，刻印至精至善，堪稱清刻本中的神品，版刻藝術價值極高。

版框高二二一毫米，寬一三五毫米。黑口。

爲政忠告

元濟南張文忠公著

碧鮮齋影鈔本

牧民忠告　卷上

齊東野人張養浩

拜命第一 凡六條

省己

命下之日則拊心自省有何勳閥行能膺茲異數苟要其廩祿假其威權惟濟己私靡思報國天監伊邇將不汝容夫受人直而怠其工僭人爵而曠其事已則逸矣如公道何如

經進風憲忠告

資善大夫陝西諸道行御史臺御史中丞臣張養浩著

自律第一

士而律身固不可以不嚴也然有官守者則當嚴於士焉有言責者又當嚴於有官守者焉蓋執法之臣將以糾姦繩惡以肅中外以正紀綱自律不嚴何以服衆夫所謂嚴如處子之居室一行一住一語一默必於禮法厥

牧令書二十三卷

清徐棟撰

清道光二十八年刻本

是書乃輯取清臣有關地方官員施政理民的言論，分類編錄，以供參考。諸文皆注明出處，但對原文頗有刪節。內封面鐫『楚興國李煒校刊』，似即開版於江西興國縣者。

版框高一八六毫米，寬一三一毫米。白口。

⊙ 牧令書內封面

治而恒愧無所發明及讀此書始益曉然於良法美意之所在有如斯之詳且盡者文瀚雖無似竊願奉為準繩身體而力行之於養民之道庶有得乎道光戊申秋八月後學李文瀚謹序

⊙ 牧令書內文首頁

牧令書卷一 治原

安肅徐 棟致初輯

設官凡以爲民也而徵諸民必本諸身其道自生民以來未之或易不明乎此而欲治民非空談卽雜霸耳故以治原始

汪 琬 字苕生號鈍翁江蘇長洲人順治乙未進士以戶部主事舉康熙己未博學鴻詞改編修有鈍翁類稾

論作縣

古人學優而仕然當旣仕之後稍有餘力猶須從事於學況以素未嘗學之人一旦策名在籍顧不稍稍留心典籍其何以知居官服物之道耶凡讀書須要切己如爲州縣退堂得暇便須將古來循良如曾恭卓茂劉矩劉曠諸先哲所以愛養斯民者細細觀玩

鄉守輯要合鈔十卷

清許乃釗撰　咸豐三年或稍後刻本

此書作於道光二十九年秋，輯録唐宋以迄清朝有關保甲、團練事宜，卷首朱印嘉慶、道光、咸豐皇帝相關諭旨。本針對川楚陝豫交界地帶之白蓮教叛亂和直隸、河南、山東三省的天理教反叛，以及鴉片戰争以來粤閩浙沿海諸省的社會動亂，纂集此書，以相應對。書成即逢太平天國起事，社會動亂加劇，光禄寺卿宋晉於咸豐三年進呈此書稿本，咸豐皇帝敕令武英殿刊刻頒行。此本爲原刻抑或翻刻尚待審辨，惟印本傳世無多。

版框高一七二毫米，寬一二一毫米。白口。

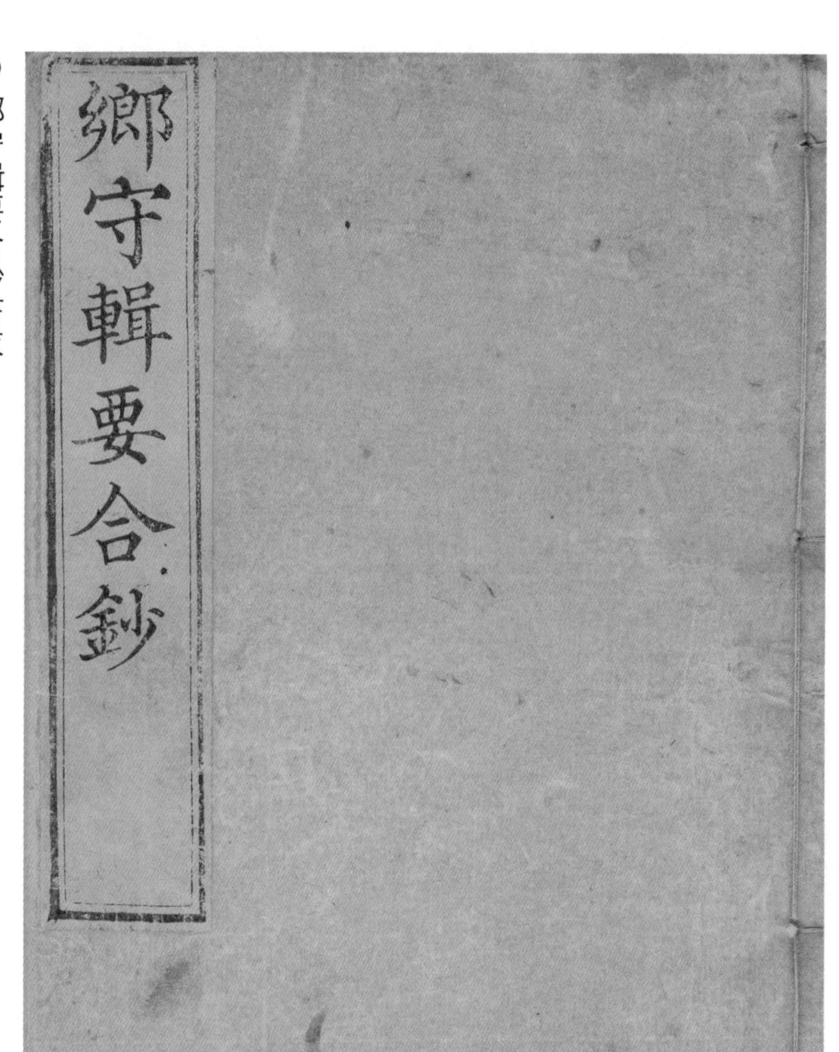
鄉守輯要合鈔

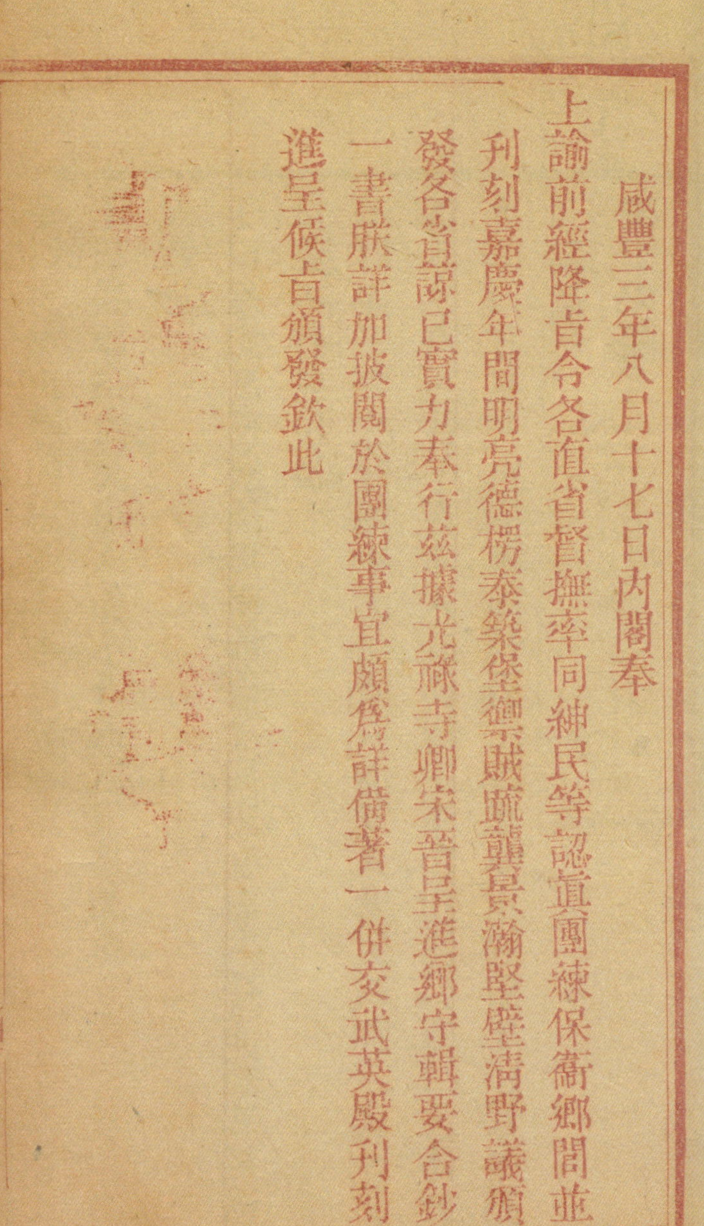

咸豐三年八月十七日內閣奉

上諭前經降旨令各直省督撫率同紳民等認眞團練保衛鄉閭並

刋刻嘉慶年間明亮德楞泰築堡禦賊疏龔景瀚堅壁清野議頒

發各省諒已實力奉行茲據光祿寺卿宋晉呈進鄉守輯要合鈔

一書朕詳加披閱於團練事宜頗爲詳備著一併交武英殿刋刻

進呈候旨頒發欽此

⊙鄉守輯要合鈔內文首頁

鄉守輯要合鈔卷一

錢塘許乃釗貞恆甫原編

通論

鄉守之事大要不外保甲團練衛民殺賊數端由此而通之一邑雖郡國天下不外是矣輯通論

十家牌法 明王文成

凡置十家牌先將各家門面小牌挨審的實如人丁若干必查某丁為某官吏或生員或當某差役習某技藝作某生理或過某房出贅或有某殘疾及戶籍田糧等項俱要逐一查審的實十家編排既定照式造冊一本留縣以備查考及遇勾攝及差調等項按冊處分更無躲閃脫漏一縣之事如視諸掌每十家

丙午順天鄉試監試記一卷

清王東槐撰

約道光末年刻本

道光二十六年丙午科鄉試，作者王東槐以江西道監察御史身份監試於順天府，充內場監試官。王氏《監試記》即記述此番闈中見聞。篇末有曾國藩題記，謂其書乃以『作志法爲之』。此雖戔戔薄册，固屬研治清代科舉制度的重要史料。書似王氏出闈後隨即單刻印行，未見著録，甚罕見。

版框高一六五毫米，寬一二七毫米。白口。

⊙ 丙午順天鄉試監試記內文首頁

丙午順天鄉試監試記

貢院在崇文門內居京城巽地與觀象臺相望易曰觀乎天文以察時變觀乎人文以化成天下義當取爾也其赴貢院之道於西則爲觀音寺胡同爲水磨胡同於東南則經觀象臺下由鯉魚胡同入貢院前垣東西各一門又於照壁兩旁各闢一門南向統謂之磚門其內兩坊對峙東曰明經取士西曰爲國求賢坊下爲點名散籤處又內爲東西內磚門門各三爲搜撿處其外爲巡察廳其內正中爲天開文運坊坊之北則貢院大門也門五士子入場日

錢穀備要十卷

清王又槐撰

約乾隆間刻本

清代地方主官通常都要自行聘任一批行政隨員，輔助施政，其地位最高者，爲刑名師爺和錢穀師爺（亦稱錢糧師爺），分別執掌司法和財政兩大要務。此書即供錢穀師爺參考的辦公手册。此等著述當日自然廣泛流行，而今卻已難得一見，是研究清代行政和財經狀況的重要資料。

版框高一三一毫米，寬九三毫米。白口。

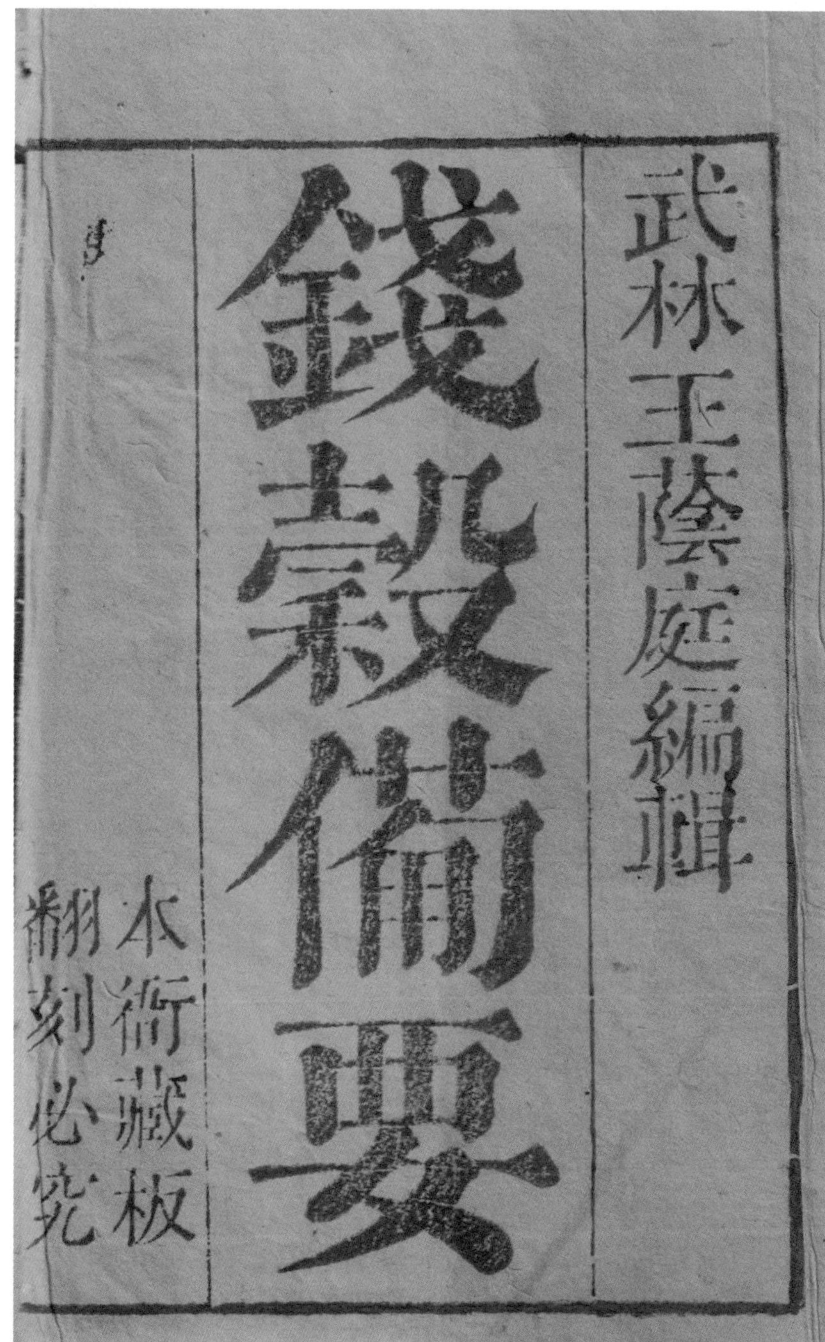
武林王蔭庭編輯
錢穀備要
本衙藏板
翻刻必究

錢穀備要卷一

武林王又槐蔭庭編輯　　廣陵羅允綏拐樵　同弟　又梧鳳偕　參訂　吳興後學陸天墀階平　校

錢糧約說

凡計民生首重財賦財賦之源首在州縣惟是錢穀之事頭緒紛繁雜如理亂絲逐項皆關考成按欵俱有叅罰故能悉其弊而知其要窮其源而

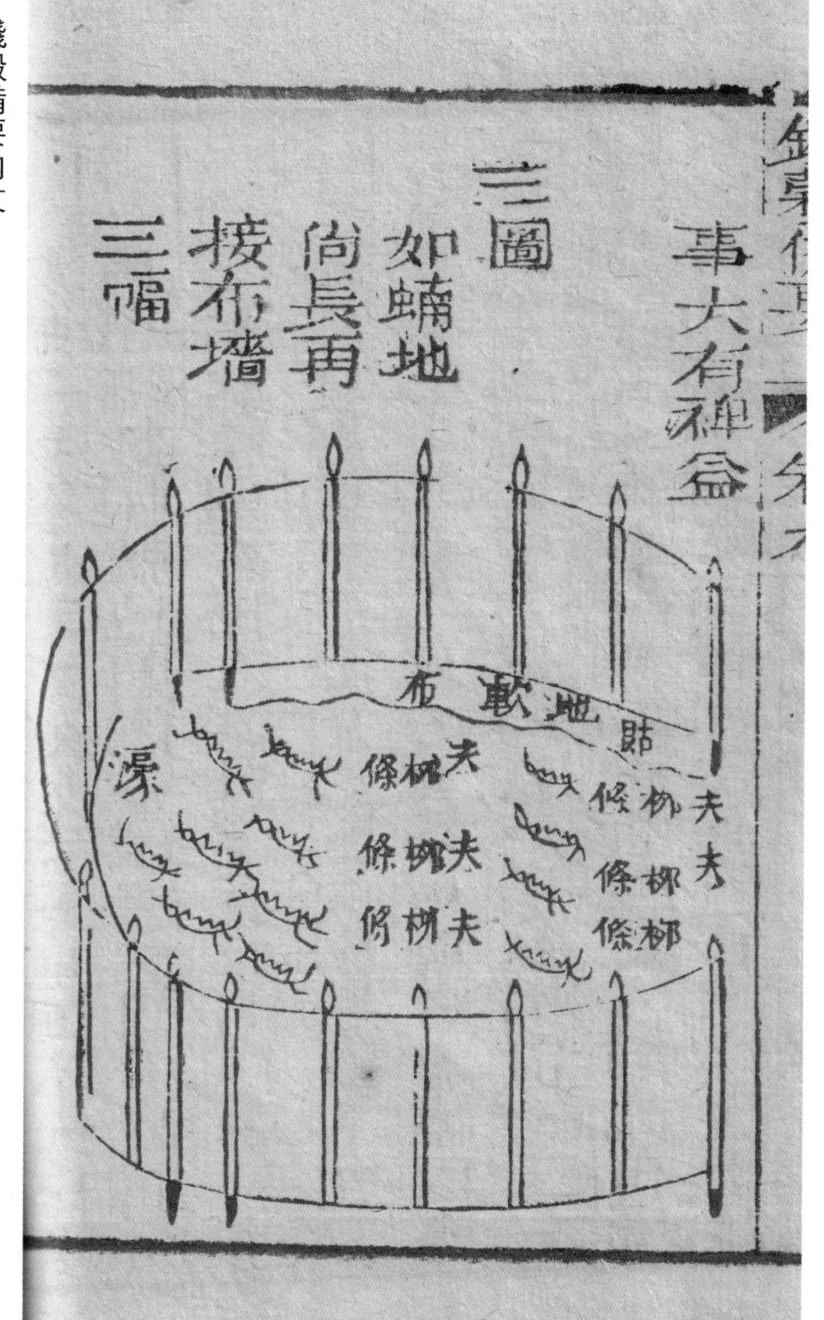

事大有裨益

三圖

如鋪地

尚長再

接布墻

三幅

彈鋏新編 一卷

清王善升撰

同治十二年刻本

『長隨』是清代各級地方主官自行聘用的低級隨員，以輔助施政。本書作者即爲湖廣總督府中『長隨』人員。是書具體記述清代各級衙門中『長隨』的職事，以供初入此行者參考。雖戔戔巾箱小本，貌不驚人，卻對學者瞭解清代地方政府的運作機制和具體情形具有重要價值，且印本流傳稀少，今已極爲罕見。卷端及書口所鐫書名都被用書者墨筆抹去。

版框高一二一毫米，寬八九毫米。白口。

之能不愴然涕下然予猶有説者昔韓淮陰出人胯下班定遠投筆封侯吾輩有志光前又何妨吹子胥之簫彈馮驩之鋏但能顧名思義卧薪嘗胆勿為窮斯濫矣之行亦終不至為池中物也茲刻芻蕘之見不過為初

宛平王善升景泉氏輯

刑名應辦事宜

人命　打架　賊盜　賭博　墳山　婚姻

姦案　拐案　竊盜　緝犯　通報赴任繳憑屬官

各任事故　丁憂　起服考試　私鹽

私硝　私鑄　私宰　私錢　邪教　土娼

爭繼　報考　軍器　假印　假銀　逃犯

盜砍　盜葬　搶劫　放火　節孝僧道

稿案事由

一凡官未到任之先須回明派出執事俾各有專司庶免臨時紛亂次則紅示年上標一印字塡定日期預先着人先行張貼該書役見諭得以準備伺應迎接

一凡官到任之後要各房造送須知册並要號簿以備隨時取用

一令吏房備送申報各上憲到任日期

一令吏房造送各房書辦值日單並備送各房點卯册

一令兵房備送移知各鄉封到任受事由並傳畫工繪本城地

辰州府義田總記二卷

清雷震初撰

道光末年刻本

雷氏以辰州知府而彙集當地設置義倉義田文書，以志其設置始末。是研究清代此等設置的重要史料。鈐『南海康氏萬木草堂書臧所藏』朱文方印，知爲康有爲舊藏。書甚罕見，《販書偶記》正續編俱未載錄。

版框高二二三毫米，寬一五一毫米。白口。

辰州府義田總記序

理民者以教養爲先備荒者以積穀爲重有府養然後教能行有所備然後荒可捄慨自井田廢而豪彊兼并跨連阡陌於是多富民而尤多貧民偶遇凶饉或貸富賑貧而貧富交病思昔豫備之政固莫善於

辰州府義田總記目錄

上卷

辰州府義田總記上卷

敬稟者竊照卑府於道光二十二年十月仰蒙

憲檄承乏辰州凡地方一切事宜悉承

指示周詳無微不至因於辦公之次體訪民間疾苦思有以推廣

憲慮籌計於未然者則以備荒一事最爲切要伏查辰郡各屬山

多田少地瘠民貧既鮮蓋藏且無籌備而府治踞山臨水食指

萬家所恃者惟來往米船此外則素無積貯故每遇河流漲溢

商販不前闔郡嗷嗷斯飢可憫卑前府王見煒因有義倉之舉

並酌議章程稟明

各前憲荷蒙批示飭令妥協辦理在案卑府愚昧之見以爲有

辰州府義田總記
辰州府義田全圖
大河
唐家山
辰州府
府義倉
沅陵縣
府文廟
縣文廟
木關
長田塘
客山
龍溪口
小溪口
小溪口
小溪口
東

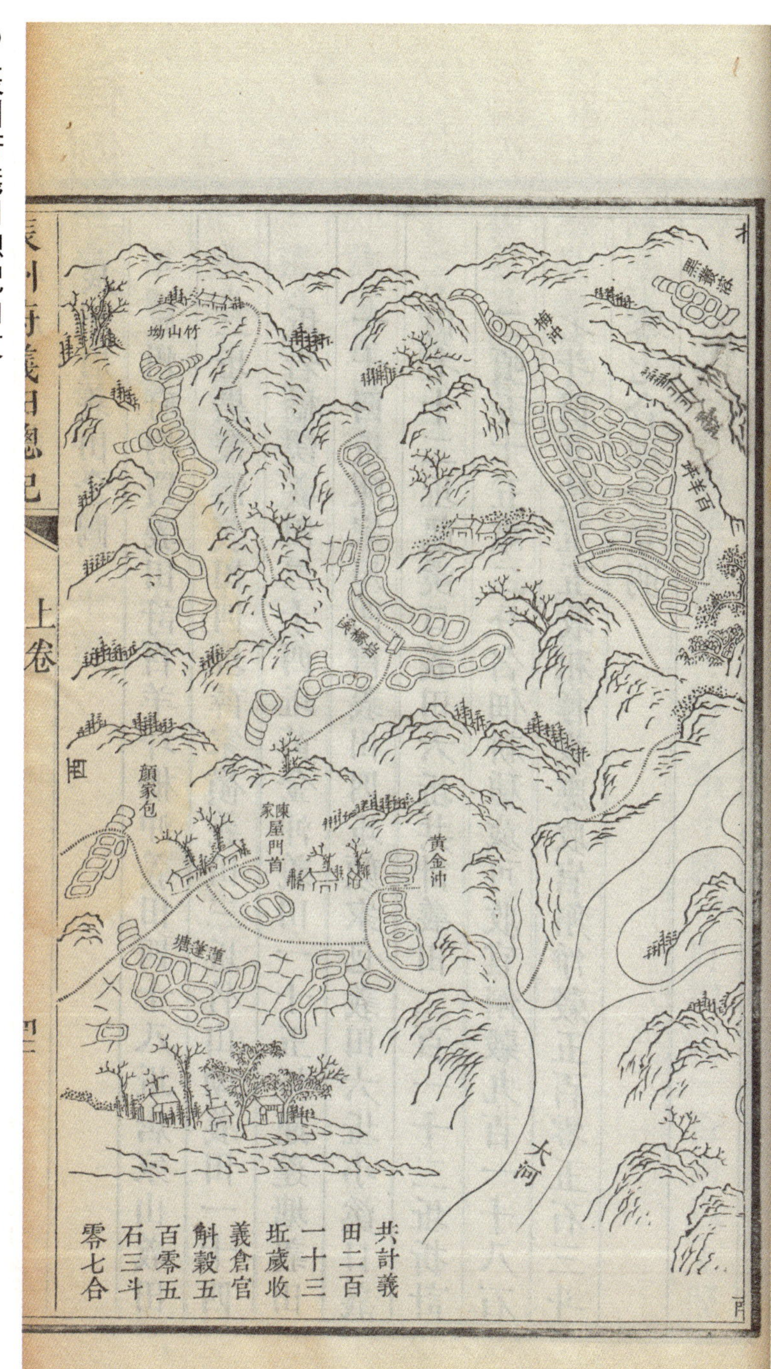
辰州府義田總記
上卷
四二
黑藤塘
梅沖
百羊坪
竹山坳
岩橋溪
顏家包
陳家屋門首
黃金沖
蓮蓬塘
大河
共計義田二百一十三坵歲收義倉官斛穀五百零五石三斗零七合

律例新判 一卷

清汪思迴輯

清初刻本

此書内封面題『律例新判』，目次題『二三場成判』，知爲場屋應試編錄。篇首卷端俱未鐫記書名。依判題字數，分作二字、三字、四字、五字、六字編次，内容則標作吏、户、禮、兵、刑、工六類，針對官員各類職事違規犯法事宜。鐫作明末清初間南京等地書坊習用之所謂『寫刻』字體。『玄』『丘』不諱，當屬清初刻本。書極罕見，是瞭解清代初年法制吏治狀況的珍貴史料。

版框高一九一毫米，寬一一〇毫米。白口。

悟亭書屋
律例新判
粵園定本

二三場成判目次

東流汪思廻判門點輯

兄弟 文楷子端 仝編

思任後臣

二字判

信牌吏

钱法户

盐法户

私茶户

二字判

信牌 吏

筆花判署定日月於行間。練影飛馳。騰風雲于足下。量道途之遠近。預定程期。分銷繳之後先。難移晷刻。今 其身充公役。心挾私情。恣躑躅於花堤。漫學婁公跛足。聽浮沉于粉版。恍如殷羨投書。將邦中之信。誰傳且意外之奸。莫測。官從杖律。吏予笞刑。

錢法 户

輕重酌乎五銖。法垂赤仄。鼓鑄設于兩局。利益朱提。故上下泉流。准用鹿皮定式。而公私貫朽。止緣鵝眼潛行。今 其懷利為奸。廢公莫恤。

經籍要略 一卷

清裕德撰

光緒十六年山東書局原刻本

清末指導初學門徑的目錄書籍，以張之洞《書目答問》最爲著名，也最爲通行，至今依然。張書外另有龍啓瑞《經籍舉要》一卷，有袁昶漸西村舍增訂本較爲通行。裕德此書乃參考張書而增刪龍書以成。書中所舉要籍，較張氏《答問》遠爲簡省，或更便初學。此本原刻初印，今日已難得一見。

版框高一九一毫米，寬一三九毫米。黑口。

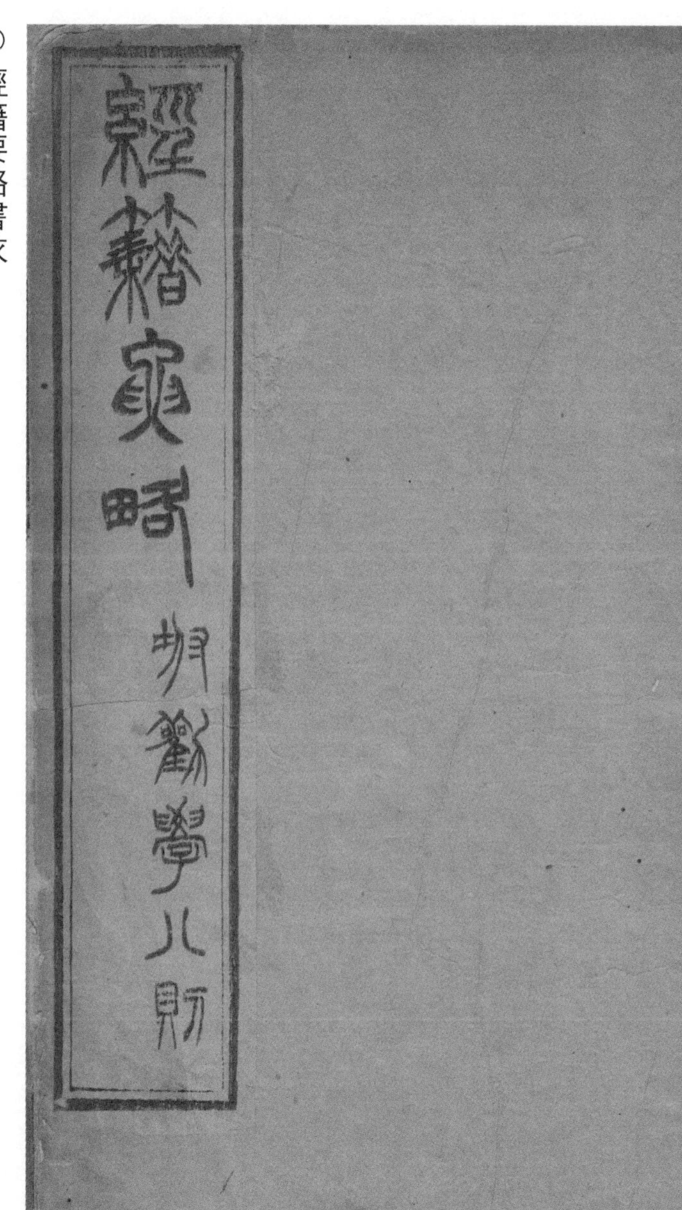
經籍要略

坿勸學人影

經籍要略

版存學署

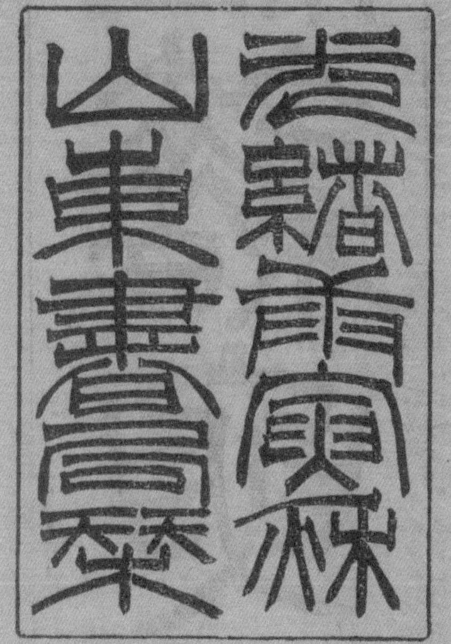

凡例

一是編以經籍舉要爲本而略加增删故凡龍說可采者附存一二以備觀覽

一是編以經史子集爲綱並參用張孝達尚書書目答問例務歸簡要故所分門類與

四庫書目間有出入

一是編專爲寒士未見

四庫書目並無力購書者舉其大要凡宋元明舊槧及

國初精刻本皆不著錄間有注

殿本者皆外間無繙刻又不能徑略故特爲著明

經籍要略

○經部

御纂周易折中二十二卷 康熙五十四年大學士李光地等奉敕撰

欽定書經傳說彙纂二十四卷 康熙六十年大學士王頊齡等奉敕撰

欽定詩經傳說彙纂二十卷序二卷 康熙六十年戶部尚書王鴻緒等奉敕撰

欽定春秋傳說彙纂三十八卷 康熙三十八年奉敕撰

欽定周官義疏四十八卷 乾隆十三年奉敕撰

欽定儀禮義疏四十八卷 乾隆十三年奉敕撰

欽定禮記義疏八十二卷 乾隆十三年奉敕撰

右御纂七經○按前四經於雍正時奉敕各直省布政使敬謹刊刻今山

汲古閣校刻書目一卷

明汲古閣主人毛氏撰

道光間海虞顧湘刻《小石山房叢書》本

此本係道光年間初印，殊爲難得。蓋《小石山房叢書》初成未久，即遭洪、楊之亂，書版嚴重損毁，至同治年間修整重刷，版片印工均遠不及初印者精善。

版框高一七四毫米，寬一二四毫米。黑口。

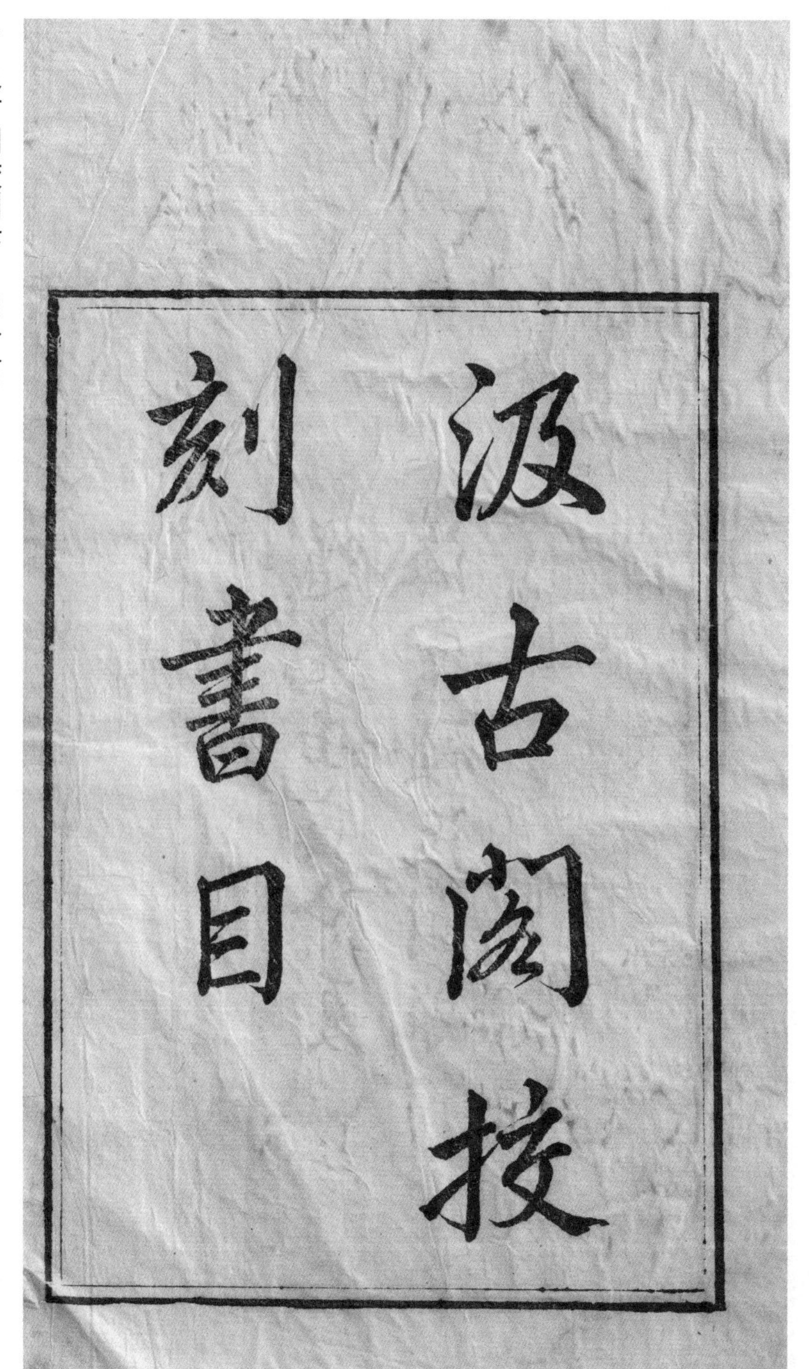
汲古閣校
刻書目

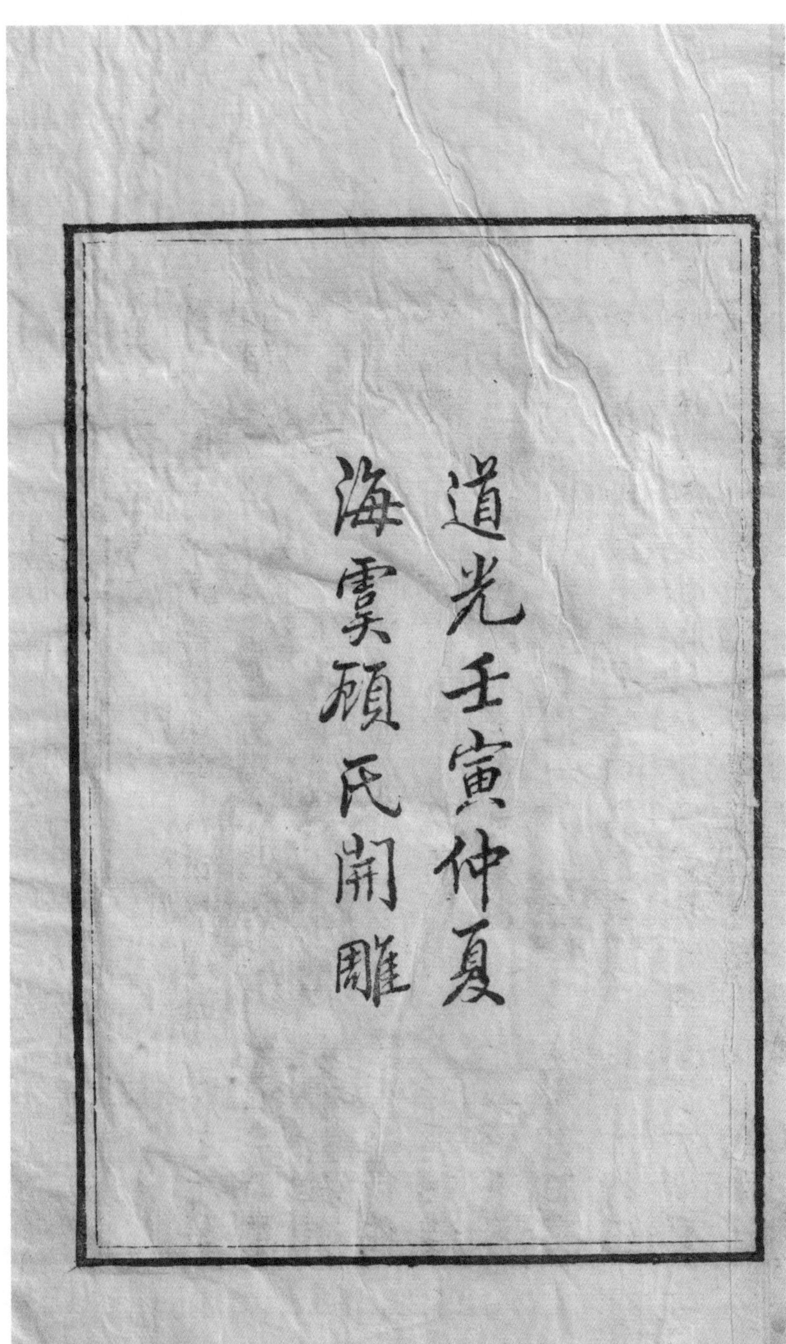
道光壬寅仲夏
海虞顧氏開雕

汲古閣挍刻書目

隱湖　毛氏原本

同里後學顧湘挍

十三經註疏

周易九卷　四百三十二葉

尚書二十卷　六百九十五葉

毛詩二十卷　一千七百八葉

春秋左傳六十卷　二千四十葉

周禮四十二卷　一千三百七十九葉

儀禮十七卷　一千六十九葉

禮記六十三卷　一千九百五十二葉

汲古閣校刻書目補遺一卷

清郑德懋撰

道光間海虞顧湘刻《小石山房叢書》本

卷端作者題『滎陽悔道人輯』，所謂『滎陽悔道人』乃清蘇州諸生郑德懋。此本係《小石山房叢書》初成之際所印，後因遭洪、楊之亂使書版受損，至同治年間修整重刷，而版片印工均遠不及此初印者精善。

版框高一七四毫米，寬一二四毫米。黑口。

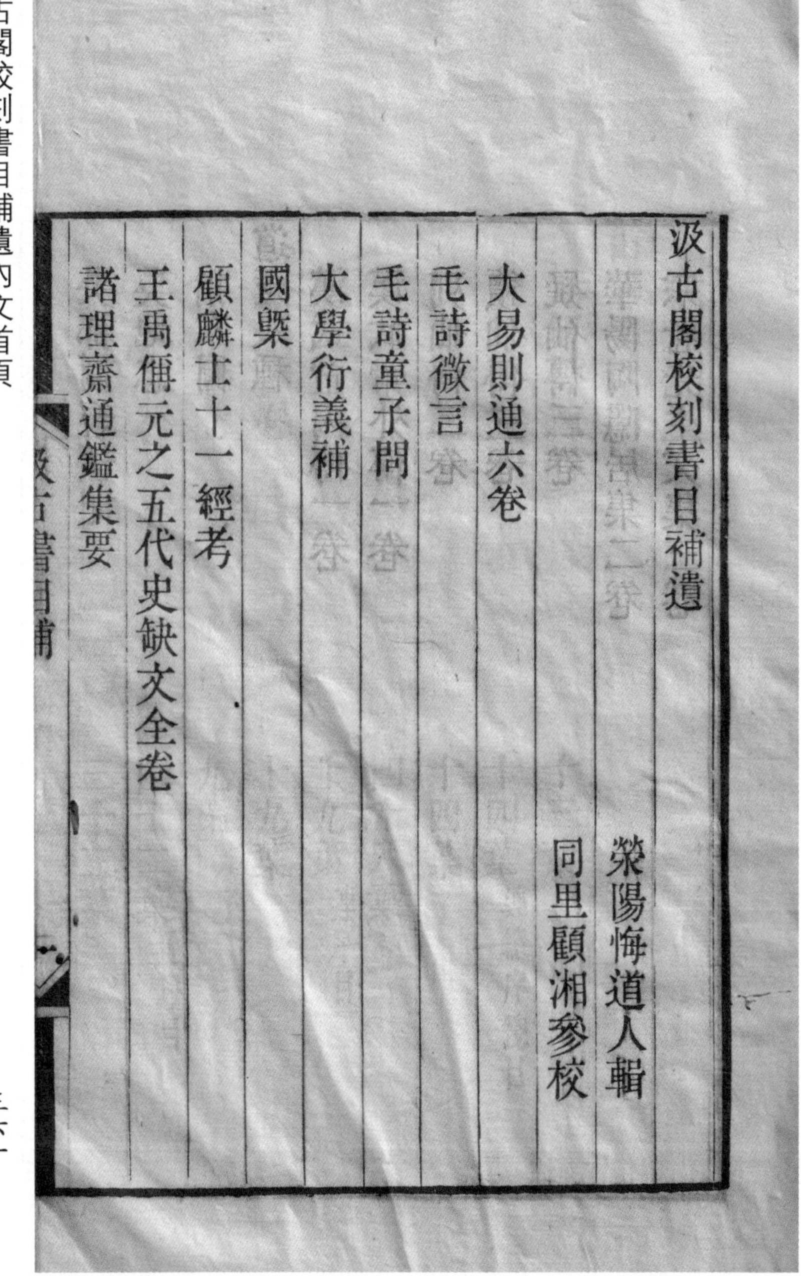
汲古閣校刻書目補遺
滎陽悔道人輯
同里顧湘參校
大易則通六卷
毛詩微言
毛詩童子問
大學衍義補
國槩
顧麟士十一經考
王禹偁元之五代史缺文全卷
諸理齋通鑑集要

⊙ 汲古閣校刻書目補遺內文首頁

汲古閣刻板存亡考一卷

清郑德懋撰

道光間海虞顧湘刻《小石山房叢書》本

卷端作者題『滎陽悔道人輯』，乃清蘇州諸生郑德懋。此本係《小石山房叢書》初成之際所印，後因遭洪、楊之亂使書版受損，至同治年間修整重刷，而版片印工均遠不及此初印者精善。

版框高一七四毫米，寬一二四毫米。黑口。

汲古閣刻板存亡考內文首頁

汲古閣刻板存亡考

滎陽悔道人輯

同里顧湘參挍

十三經註疏

板現存常熟小東門外東倉街席氏　近吳郡有翻板

十七史

板現存蘇州掃葉山房　近吳郡亦有翻板

史記索隱

五代史補

二書板現存常熟東門內魚家橋鮑氏

津逮秘書

宋元舊本書經眼録三卷坿録二卷

清莫友芝撰　同治十二年莫友芝次子繩孫金陵刻本

莫氏爲清末著名藏書家和古籍版本學家，是書正文三卷係隨筆記録其同治四至八年客遊間所經見善本古籍，計宋金元明槧本暨舊鈔本、稿本書凡百三十部。諸書載録形式不一，或解題，或考其槧鈔善劣，或僅記每葉行字數目，或並録其序跋及藏家跋語印記。《坿録》兩卷係乃子繩孫集録其他書衣及碑帖題語所成。逐卷卷末分别題『遵義趙崧筱蓉校字』『孫小農校字』『石阡徐祖揚校字』。刻書字體，别具一格。

版框高一七一毫米，寬一二一毫米。細黑口。

宋元舊本書經眼錄

來金陵謂足備目錄家之一亟欲壽梓繩孫謹次爲三卷更集他書衣及碑帖題語爲二卷坿焉吾家影山草堂僻在黔南舊藏粗備尤多先人手澤遭亂後散佚略盡不可復得今卷中劚存一二先君少時所校也念之泫然同治癸酉七月丁未朔第二男繩孫謹志于江甯旅舍

⊙ 宋元舊本書經眼録內文首頁

宋元舊本書經眼錄卷第一

獨山莫友芝子偲

毛詩要義二十卷 宋本

魏了翁撰首爲譜序一卷經依箋編二十卷中又分子卷十有七凡三十八卷每葉十八行行十八字每卷各以一二三條爲題目低一格書亦有一條而有二題目者其第二題目標之眉上又有當條所掇未盡之義亦於眉上書之每卷首有楝亭曹氏藏書長白敷槎氏堇齋昌齡圖書印二印卷尾有桐鄉沈炳垣手讀書記一印譜序卷首又有永超氏一印卷一

隸釋二十七卷隸續二十一卷附汪本隸釋刊誤一卷

宋洪适撰　汪本隸釋刊誤清黄丕烈、顧廣圻撰

同治十年、十一年洪氏晦木齋刻本

洪适《隸釋》《隸續》爲中國古代早期金石學名著，其學術深度和學術價值俱遠超於歐陽脩《集古錄》與趙明誠《金石錄》之上。此書在清代乾隆年間有錢塘汪氏樓松書屋刊本，洪氏在同治十年據之翻刻；同治十一年，復摹刻《士禮居叢書》本《汪本隸釋刊誤》，與之並行。此本字體精美，墨色鮮亮，牌記頁鈐有『荊塘義學初印本』朱文木記，洵爲極初印之本。

版框高一九六毫米，寬一五八毫米。白口。

隸釋

樓松書屋汪氏本皖南
洪氏晦木齋集貲摹刻
同治十年曾國藩署檢

隸釋卷第一

濟陰太守孟郁脩堯廟碑

漢永康元年 缺 月 缺二字 惟昔帝堯聖德慶苞弘踊赫赫蕩蕩垂基赤精之胄爲漢始別陵氣炎熅上交倉

金石文字記六卷

清顧炎武撰

康熙間《亭林遺書》原刻本

金石學研究隨着乾嘉學術的興盛而達到歷史的高峯，顧氏此書堪稱始開其端的代表性著述。此本乃其最初印本，字跡爽利，墨色鮮明，且爲雍乾間金石學家吴玉搢舊藏。間有吴氏朱筆批注。鈐『玉搢』朱文方印、『山夫』白文方印。

版框高一八七毫米，寬一四二毫米。白口。

金石文字記卷之一

商

比干銅盤銘

今在汲縣北十五里比干墓上衛輝府志曰周武王封比干墓銅盤銘碑石殘斷字畫失眞萬曆十五年知府周思宸重摹汝帖立石於墓前薛尚功鐘鼎款識言唐開元中偃師縣土人耕地得此盤篆文甚奇古其釋文云左林右泉後岡前道萬世之藏兹焉是寶一作前岡後道藏一作靈一作寧兹一作於寶一作保今考之張邦基墨莊漫録曰政和間朝廷求三代鼎彝器程唐爲陝西提點茶

按碑方以建寧元年二月丑日卒即以其年九月十七日塟立碑時在墓時碑無三年六月字金石録目以為建寧三年二月洪氏識其誤此又以為三年六月亦非

四年知府唐曜重刻者在漳川書院彌失眞矣

衛尉卿衡方碑　八分書　建寧三年六月

今在汶上縣

其文有曰履該顏原兼修季由洪氏以顏原爲顏淵原憲而都太僕以季由爲仲由字季路即是一人與兼修之義不協按史記仲尼弟子傳公晳哀字季次孔子曰天下無道多爲家臣仕於都惟季次未嘗仕遊俠傳季次原憲終身空室蓬戶褐衣疏食不厭死而已四百餘年而弟子志之不倦然則季乃季次也四人皆安貧守道之士故竝舉言之其一字一名亦古文之所嘗有也

金石文字記卷之三

唐

芮公豆盧寬碑　正書　永徽元年

今在醴泉縣殘缺

大唐三藏聖教序并記　太宗撰序　高宗撰記

褚遂良正書　永徽四年十二月

今在西安府城南慈恩寺塔下

趙崡曰據張茂中遊城南記云寺經廢毀殆盡惟一塔儼然則今寺亦非唐剏而塔自宋熙寧火後不可登萬曆甲辰重加修飾施梯始得至其巔求記所謂唐人墨蹟孟郊舒元輿之類皆不可得塔

小蓬萊閣金石文字不分卷（殘）

清黄易撰

嘉慶五年原刻本

是書爲一代金石學名著，常見者爲道光甲午（十四年）刊本。此本牌記作『嘉慶五年九月栞成，内封面題作『小蓬萊金石文字』，也與道光本之題作『小蓬萊閣金石文字』者不同。印本殊罕見，惟此本與道光本相較則略有殘闕。

版框高二〇一毫米，寬一三〇毫米。白口。

⊙小蓬萊閣金石文字內封面

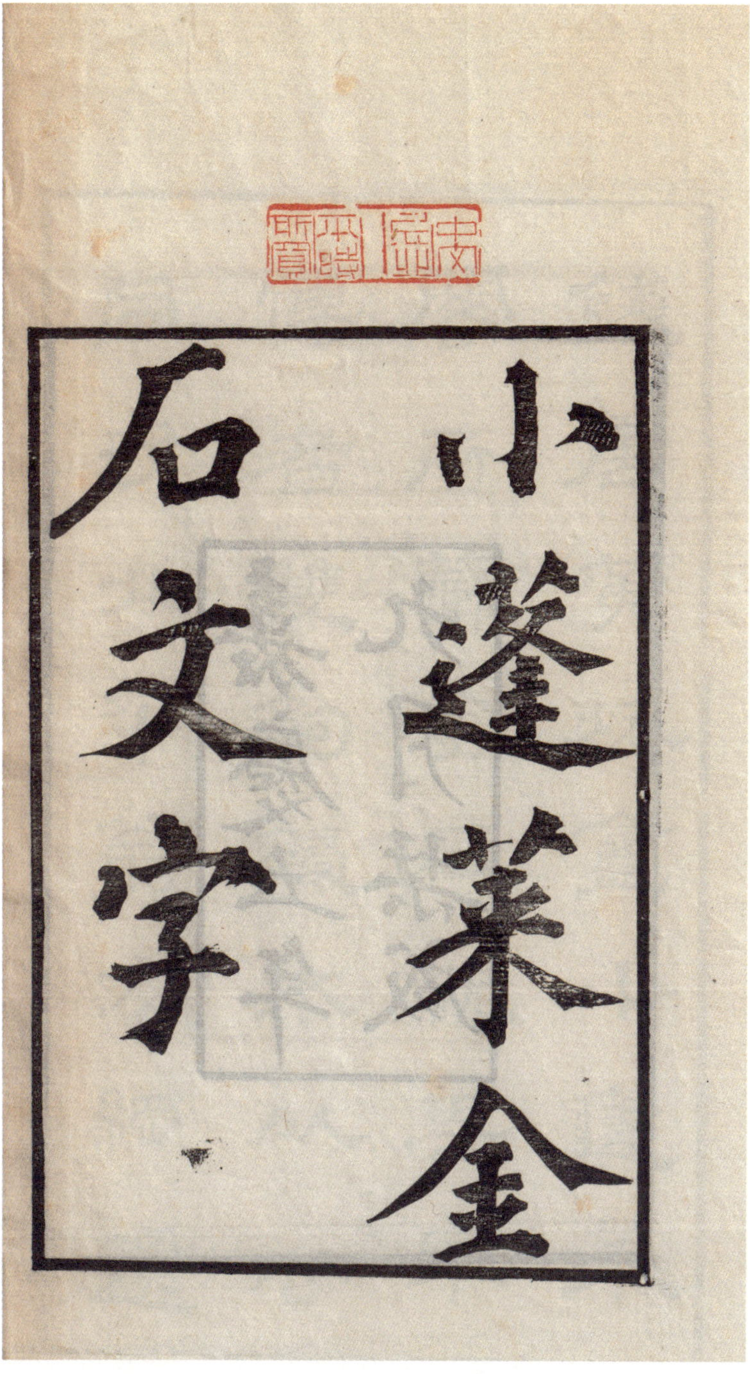

小蓬萊金石文字

嘉慶五年
九月栞成

錢唐黄琳盦小蓬萊閣所藏金石就其字傳者雙鉤鋟木以公同好北平翁方綱題

兩卷欲當三宿夢千年
分襲一笑岑樓稱渴筆
秋燈影盡是低回懷我
心　小詩奉題

秋盦先生漢隸纂奉　方綱

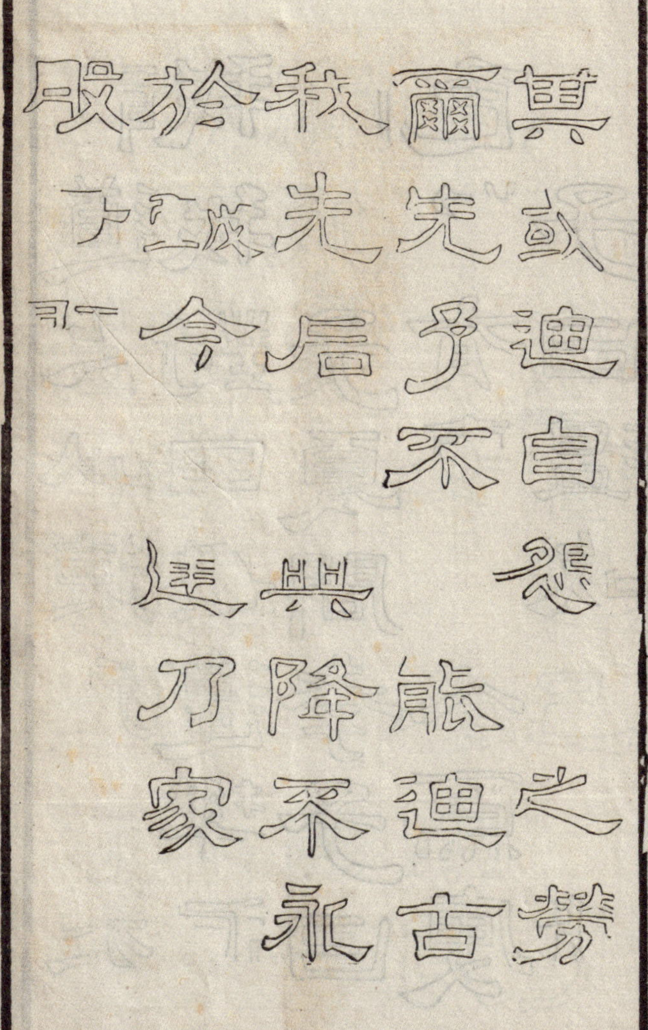
其或迪自怨之勞
爾先予不能迪古
我先后興降不永
於[illegible]令逞乃家
殷下[illegible]

石經殘碑一

長安獲古編二卷補一卷

清劉喜海撰

清咸豐初年原刻本

此書著録古長安地區出土金石文物。據光緒三十一年後印本劉鐵雲跋，知咸豐初年作者辭世前已大體刊成書板，惟器物題名尚多存墨釘待填。某徐姓者於作者身後獲此書板，印製很少一部分行世。同治初年以後，再未印行。至光緒末年，劉鐵雲始補刻標題，刷印百部。此爲徐氏初印本，殊爲罕見。

版框高二〇六毫米，寬一四七毫米。白口。

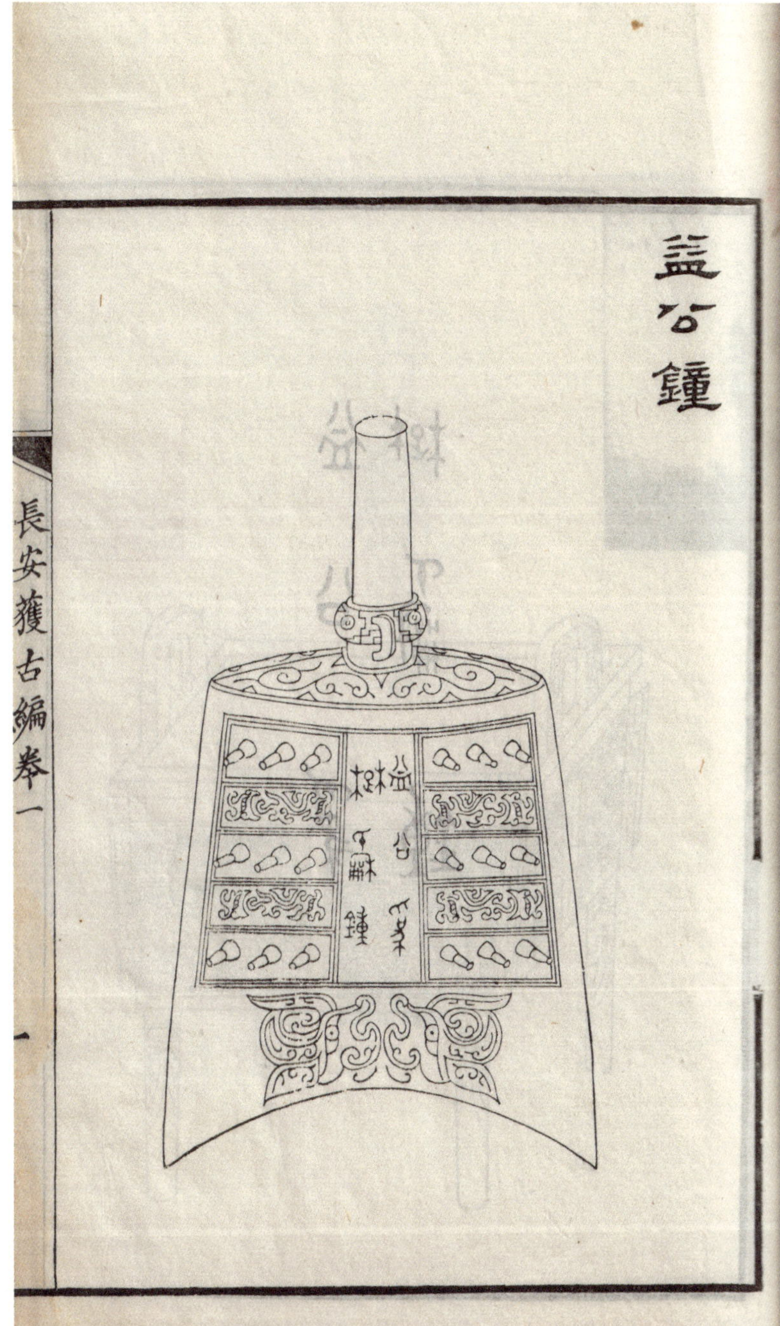
益公鐘
長安獲古編卷一
一

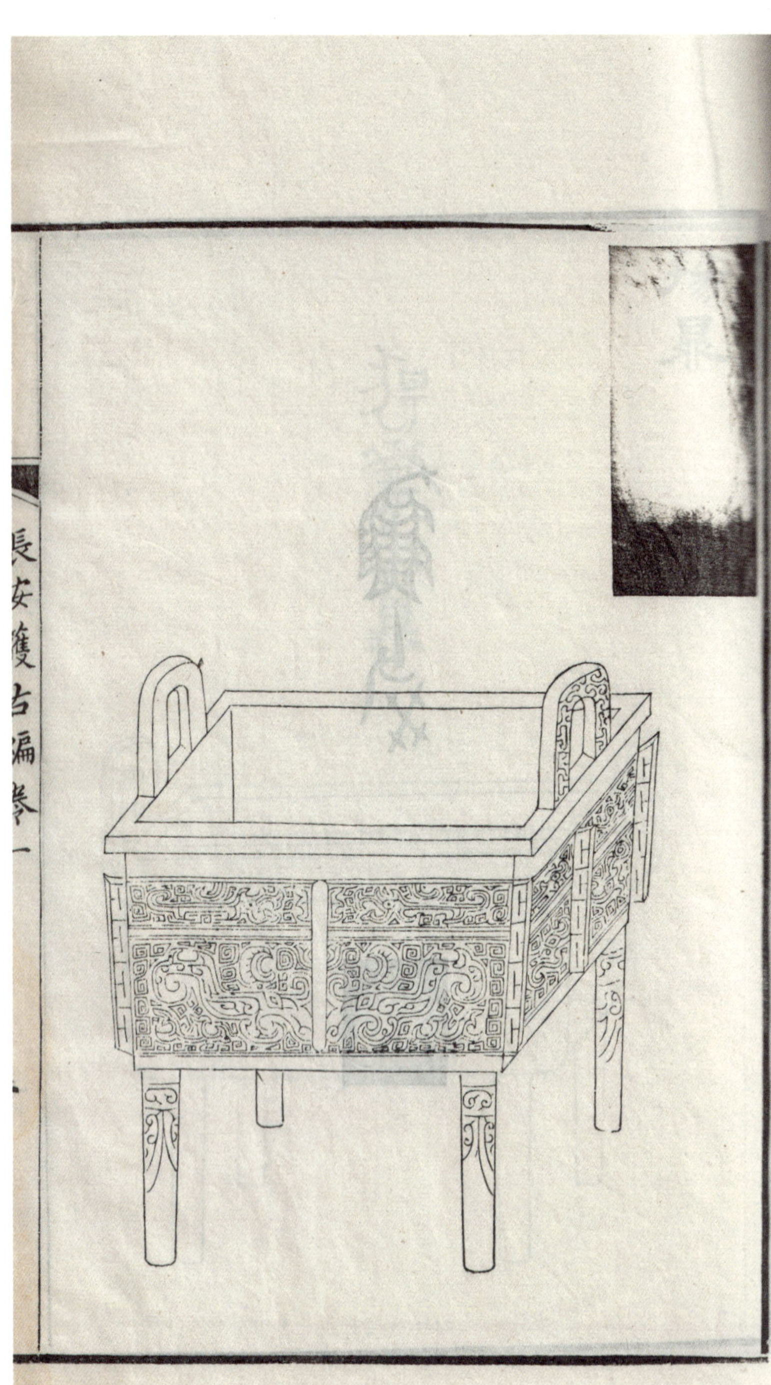
長安獲古編卷一